Bücherei des Marxismus-Leninismus

Friedrich Engels

Ludwig Feuerbach und der Ausgang der klassischen deutschen Philosophie

Dietz Verlag Berlin
1989

Der Ausgabe liegen folgende Editionsprinzipien zugrunde: Rechtschreibung und Zeichensetzung sind, soweit vertretbar, modernisiert. Der Lautstand und die Silbenzahl der Wörter wurden nicht verändert. Allgemein übliche Abkürzungen wurden beibehalten. Alle in eckigen Klammern stehenden Überschriften, Wörter und Wortteile stammen von der Redaktion. Winkelklammern kennzeichnen die von Engels in der Handschrift gestrichenen Teile. Offensichtliche Druck- oder Schreibfehler wurden stillschweigend korrigiert.

Fußnoten von Engels sind durch hochgestellte Ziffern mit Stern, Fußnoten der Redaktion durch hochgestellte Ziffern gekennzeichnet. Auf Anmerkungen der Redaktion wird durch hochstehende Ziffern in eckigen Klammern verwiesen.

Für Hinweise auf Karl Marx/Friedrich Engels: Werke, Berlin 1956 ff., wird das Sigle MEW verwendet.

Der Verlag

Engels, Friedrich: Ludwig Feuerbach und der Ausgang der klassischen deutschen Philosophie / Friedrich Engels. – 25. Aufl. – Berlin : Dietz Verl., 1989. – 93 S. : 2 Abb. (Bücherei des Marxismus-Leninismus)

ISBN 3-320-00295-3

Mit 2 Abbildungen
25. Auflage 1989

Lizenznummer 1 · LSV 0036
Lektor: Waltraud Bergemann/Inge Neumann
Typographie: Horst Kinkel
Reihenentwurf: Gerhard Schmidt
Umschlag: Klaus Lubina
Printed in the German Democratic Republic
Fotosatz: (140) Druckerei Neues Deutschland
Druck und Bindearbeit:
Graphischer Großbetrieb Völkerfreundschaft Dresden
Best.-Nr. 735 001 6

00060

Vorbemerkung

Geschrieben am 21. Februar 1888.
Erstmalig veröffentlicht in: Friedrich Engels: Ludwig Feuerbach und der Ausgang der klassischen deutschen Philosophie, Stuttgart 1888.
Nach: MEW, Bd. 21, S. 263/264.
Dem Text liegt die Auflage von 1888 zugrunde.

In der Vorrede von »Zur Kritik der Politischen Ökonomie«, Berlin 1859, erzählt Karl Marx, wie wir beide 1845 in Brüssel uns daranmachten, »den Gegensatz unsrer Ansicht« – der namentlich durch Marx herausgearbeiteten materialistischen Geschichtsauffassung – »gegen die ideologische der deutschen Philosophie gemeinschaftlich auszuarbeiten, in der Tat mit unserm ehemaligen philosophischen Gewissen abzurechnen. Der Vorsatz wurde ausgeführt in der Form einer Kritik der nachhegelschen Philosophie. Das Manuskript[1], zwei starke Oktavbände, war längst an seinem Verlagsort in Westfalen angelangt, als wir die Nachricht erhielten, daß veränderte Umstände den Druck nicht erlaubten. Wir überließen das Manuskript der nagenden Kritik der Mäuse um so williger, als wir unsern Hauptzweck erreicht hatten – Selbstverständigung.«[2]

Seitdem sind über vierzig Jahre verflossen, und Marx ist gestorben, ohne daß sich einem von uns Gelegenheit geboten hätte, auf den Gegenstand zurückzukommen. Über unser Verhältnis zu Hegel haben wir uns stellenweise geäußert, doch nirgends in umfassendem Zusammenhang. Auf Feuerbach, der doch in mancher Beziehung ein Mittelglied zwischen der Hegelschen Philosophie und unsrer Auffassung bildet, sind wir nie wieder zurückgekommen.

Inzwischen hat die Marxsche Weltanschauung Vertreter gefunden weit über Deutschlands und Europas Grenzen hinaus und in allen gebildeten Sprachen der Welt. Andrerseits erlebt die klassische deutsche Philosophie im Ausland eine Art Wiedergeburt, namentlich in England und Skandinavien, und selbst in Deutschland scheint man die eklektischen Bettelsuppen satt zu bekommen, die dort an den Universitäten ausgelöffelt werden unter dem Namen Philosophie.

Unter diesen Umständen erschien mir eine kurze, zusammenhängende Darlegung unsres Verhältnisses zur Hegelschen Philosophie, unsres Ausgangs wie unsrer Trennung von ihr, mehr und mehr geboten. Und ebenso erschien mir eine volle Anerkennung des Einflusses, den vor allen andern nachhegelschen Philosophen Feuerbach, während unsrer Sturm- und Drangperiode, auf uns hatte, als eine unabgetragene Ehrenschuld. Ich ergriff also gern die Gelegenheit, als die Redaktion der »Neuen Zeit«[3] mich um eine kritische Besprechung des Starckeschen Buchs über Feuerbach[4] bat. Meine Arbeit wurde im 4. und 5. Heft 1886 jener Zeitschrift veröffentlicht und erscheint hier in revidiertem Sonderabdruck.

Ehe ich diese Zeilen in die Presse schicke, habe ich das alte Manuskript von 1845/46 nochmals herausgesucht und angesehn. Der Abschnitt über Feuerbach ist nicht vollendet. Der fertige Teil besteht in einer Darlegung der materialistischen Geschichtsauffassung, die nur beweist, wie unvollständig unsre damaligen Kenntnisse der ökonomischen Geschichte noch waren. Die Kritik der Feuerbachschen Doktrin selbst fehlt darin; für den gegenwärtigen Zweck war es also unbrauchbar. Dagegen habe ich in einem alten Heft von Marx die im Anhang abgedruckten elf Thesen über Feuerbach[5] gefunden. Es sind Notizen für spätere Ausarbeitung, rasch hingeschrieben, absolut nicht für den Druck bestimmt, aber unschätzbar als das erste Dokument, worin der geniale Keim der neuen Weltanschauung niedergelegt ist.

London, 21. Februar 1888 *Friedrich Engels*

Ludwig Feuerbach und der Ausgang der klassischen deutschen Philosophie[6]

Geschrieben Anfang 1886.
Erstmalig veröffentlicht in: Die Neue Zeit (Stuttgart), IV. Jahrgang 1886, Heft 4 und 5, S. 145-155 und 193-209.
Nach: MEW, Bd. 21, S. 265-307.
Dem Text liegt die Auflage von 1888 zugrunde.

LUDWIG FEUERBACH

UND DER AUSGANG DER

KLASSISCHEN DEUTSCHEN PHILOSOPHIE

VON

FRIEDRICH ENGELS

REVIDIRTER SONDER-ABDRUCK AUS DER „NEUEN ZEIT“

MIT ANHANG:

KARL MARX ÜBER FEUERBACH
VOM JAHRE 1845.

STUTTGART
VERLAG VON J. H. W. DIETZ
1888.

Titelblatt des revidierten Sonderabdrucks
Stuttgart 1888

I

Die vorliegende Schrift[1*] führt uns zurück zu einer Periode, die, der Zeit nach, ein gutes Menschenalter hinter uns liegt, die aber der jetzigen Generation in Deutschland so fremd geworden ist, als wäre sie schon ein volles Jahrhundert alt. Und doch war sie die Periode der Vorbereitung Deutschlands für die Revolution von 1848; und alles, was seitdem bei uns geschehn, ist nur eine Fortsetzung von 1848, nur Testamentsvollstreckung der Revolution.

Wie in Frankreich im achtzehnten, so leitete auch in Deutschland im neunzehnten Jahrhundert die philosophische Revolution den politischen Zusammenbruch ein. Aber wie verschieden sahn die beiden aus! Die Franzosen in offnem Kampf mit der ganzen offiziellen Wissenschaft, mit der Kirche, oft auch mit dem Staat; ihre Schriften jenseits der Grenze, in Holland oder England gedruckt, und sie selbst oft genug drauf und dran, in die Bastille zu wandern. Dagegen die Deutschen – Professoren, vom Staat eingesetzte Lehrer der Jugend, ihre Schriften anerkannte Lehrbücher, und das abschließende System der ganzen Entwicklung, das Hegelsche, sogar gewissermaßen zum Rang einer königlich preußischen Staatsphilosophie erhoben! Und hinter diesen Professoren, hinter ihren pedantisch-dunklen Worten, in ihren schwerfälligen, langweiligen Perioden sollte sich die Revolution verstecken? Waren denn nicht grade die Leute, die damals für die Vertreter der Revolution galten, die Liberalen, die heftigsten Gegner dieser die Köpfe verwirrenden Philosophie? Was aber weder die Regierungen noch die Liberalen sahen, das sah bereits 1833 wenigstens *ein* Mann, und der hieß allerdings Heinrich Heine.[7]

Nehmen wir ein Beispiel. Kein philosophischer Satz hat so

[1*] »Ludwig Feuerbach« von C. N. Starcke, Dr. phil. – Stuttgart, Ferd. Encke, 1885.

sehr den Dank beschränkter Regierungen und den Zorn ebenso beschränkter Liberalen auf sich geladen wie der berühmte Satz Hegels:

»Alles, was wirklich ist, ist vernünftig, und alles, was vernünftig ist, ist wirklich.«[8]

Das war doch handgreiflich die Heiligsprechung alles Bestehenden, die philosophische Einsegnung des Despotismus, des Polizeistaats, der Kabinettsjustiz, der Zensur. Und so nahm es Friedrich Wilhelm III., so seine Untertanen. Bei Hegel aber ist keineswegs alles, was besteht, ohne weiteres auch wirklich. Das Attribut der Wirklichkeit kommt bei ihm nur demjenigen zu, was zugleich notwendig ist;

»die Wirklichkeit erweist sich in ihrer Entfaltung als die Notwendigkeit«;

eine beliebige Regierungsmaßregel – Hegel führt selbst das Beispiel »einer gewissen Steuereinrichtung«[9] an – gilt ihm daher auch keineswegs schon ohne weiteres als wirklich. Was aber notwendig ist, erweist sich in letzter Instanz auch als vernünftig, und auf den damaligen preußischen Staat angewandt, heißt also der Hegelsche Satz nur: Dieser Staat ist vernünftig, der Vernunft entsprechend, soweit er notwendig ist; und wenn er uns dennoch schlecht vorkommt, aber trotz seiner Schlechtigkeit fortexistiert, so findet die Schlechtigkeit der Regierung ihre Berechtigung und ihre Erklärung in der entsprechenden Schlechtigkeit der Untertanen. Die damaligen Preußen hatten die Regierung, die sie verdienten.

Nun ist aber die Wirklichkeit nach Hegel keineswegs ein Attribut, das einer gegebnen gesellschaftlichen oder politischen Sachlage unter allen Umständen und zu allen Zeiten zukommt. Im Gegenteil. Die römische Republik war wirklich, aber das sie verdrängende römische Kaiserreich auch. Die französische Monarchie war 1789 so unwirklich geworden, d. h. so aller Notwendigkeit beraubt, so unvernünftig, daß sie vernichtet werden mußte durch die große Revolution, von der Hegel stets mit der höchsten Begeisterung spricht. Hier war also die

Monarchie das Unwirkliche, die Revolution das Wirkliche. Und so wird im Lauf der Entwicklung alles früher Wirkliche unwirklich, verliert seine Notwendigkeit, sein Existenzrecht, seine Vernünftigkeit; an die Stelle des absterbenden Wirklichen tritt eine neue, lebensfähige Wirklichkeit – friedlich, wenn das Alte verständig genug ist, ohne Sträuben mit Tode abzugehn, gewaltsam, wenn es sich gegen diese Notwendigkeit sperrt. Und so dreht sich der Hegelsche Satz durch die Hegelsche Dialektik selbst um in sein Gegenteil: Alles, was im Bereich der Menschengeschichte wirklich ist, wird mit der Zeit unvernünftig, ist also schon seiner Bestimmung nach unvernünftig, ist von vornherein mit Unvernünftigkeit behaftet; und alles, was in den Köpfen der Menschen vernünftig ist, ist bestimmt, wirklich zu werden, mag es auch noch so sehr der bestehenden scheinbaren Wirklichkeit widersprechen. Der Satz von der Vernünftigkeit alles Wirklichen löst sich nach allen Regeln der Hegelschen Denkmethode auf in den andern: Alles, was besteht, ist wert, daß es zugrunde geht.[10]

Darin aber grade lag die wahre Bedeutung und der revolutionäre Charakter der Hegelschen Philosophie (auf die, als den Abschluß der ganzen Bewegung seit Kant, wir uns hier beschränken müssen), daß sie der Endgültigkeit aller Ergebnisse des menschlichen Denkens und Handelns ein für allemal den Garaus machte. Die Wahrheit, die es in der Philosophie zu erkennen galt, war bei Hegel nicht mehr eine Sammlung fertiger dogmatischer Sätze, die, einmal gefunden, nur auswendig gelernt sein wollen; die Wahrheit lag nun in dem Prozeß des Erkennens selbst, in der langen geschichtlichen Entwicklung der Wissenschaft, die von niedern zu immer höhern Stufen der Erkenntnis aufsteigt, ohne aber jemals durch Ausfindung einer sogenannten absoluten Wahrheit zu dem Punkt zu gelangen, wo sie nicht mehr weiter kann, wo ihr nichts mehr übrigbleibt, als die Hände in den Schoß zu legen und die gewonnene absolute Wahrheit anzustaunen. Und wie auf dem Gebiet der philosophischen, so auf dem jeder andern Erkenntnis und auf dem des praktischen Handelns. Ebensowenig wie die Erkenntnis kann die Geschichte einen vollendenden Abschluß finden in einem vollkommnen Idealzustand der Menschheit; eine vollkommne Gesellschaft, ein vollkommner »Staat« sind Dinge, die nur in der Phantasie bestehn können; im Gegenteil sind alle nacheinander folgenden geschichtlichen Zustände nur vergängliche Stufen im endlosen Entwicklungsgang der menschlichen Gesellschaft vom Niedern zum Höhern. Jede Stufe ist notwendig, also berechtigt für die Zeit und die Bedingungen, denen sie ihren Ursprung verdankt; aber sie wird hinfällig und unberechtigt gegenüber neuen, höhern Bedingungen, die sich allmählich in ihrem eignen Schoß entwickeln; sie muß einer höhern Stufe Platz machen, die ihrerseits wieder an die Reihe des Verfalls und des Untergangs kommt. Wie die Bourgeoisie durch die große Industrie, die Konkurrenz und den Weltmarkt alle stabilen, altehrwürdigen Institutionen praktisch auflöst, so löst diese dialektische Philosophie alle Vorstellungen von endgültiger absoluter Wahrheit und ihr entsprechenden absoluten Menschheitszuständen auf. Vor ihr besteht nichts Endgültiges, Absolutes, Heiliges; sie weist von allem und an allem die Vergänglichkeit auf, und nichts besteht vor ihr als der ununterbrochne Prozeß des Werdens und Vergehens, des Aufsteigens ohne Ende vom Niedern zum Höhern, dessen bloße Widerspiegelung im denkenden Hirn sie selbst ist. Sie hat allerdings auch eine konservative Seite: Sie erkennt die Berechtigung bestimmter Erkenntnis- und Gesellschaftsstufen für deren Zeit und Umstände an; aber auch nur so weit. Der Konservatismus dieser Anschauungsweise ist relativ, ihr revolutionärer Charakter ist absolut – das einzig Absolute, das sie gelten läßt.

Wir brauchen hier nicht auf die Frage einzugehn, ob diese Anschauungsweise durchaus mit dem jetzigen Stand der Naturwissenschaft stimmt, die der Existenz der Erde selbst ein mögliches, ihrer Bewohnbarkeit aber ein ziemlich sichres Ende vorhersagt, die also auch der Menschengeschichte nicht nur einen aufsteigenden, sondern auch einen absteigenden Ast zuerkennt. Wir befinden uns jedenfalls noch ziemlich weit von dem Wendepunkt, von wo an es mit der Geschichte der Gesellschaft abwärtsgeht, und können der Hegelschen Philosophie nicht zumuten, sich mit einem Gegenstand zu befassen, den zu ihrer Zeit die Naturwissenschaft noch gar nicht auf die Tagesordnung gesetzt hatte.

Was aber in der Tat hier zu sagen, ist dies: Die obige Entwicklung findet sich in dieser Schärfe nicht bei Hegel. Sie ist eine notwendige Konsequenz seiner Methode, die er selbst aber in dieser Ausdrücklichkeit nie gezogen hat. Und zwar aus dem einfachen Grund, weil er genötigt war, ein System zu machen, und ein System der Philosophie muß nach den hergebrachten Anforderungen mit irgendeiner Art von absoluter Wahrheit abschließen. Sosehr also auch Hegel, namentlich in der »Logik«[11], betont, daß diese ewige Wahrheit nichts andres ist als der logische, resp. der geschichtliche Prozeß selbst, so sieht er sich doch selbst gezwungen, diesem Prozeß ein Ende zu geben, weil er eben mit seinem System irgendwo zu Ende kommen muß. In der »Logik« kann er dies Ende wieder zum Anfang machen, indem hier der Schlußpunkt, die absolute Idee – die nur insofern absolut ist, als er absolut nichts von ihr zu sagen weiß – sich in die Natur »entäußert«, d. h. verwandelt, und später im Geist, d. h. im Denken und in der Geschichte, wieder zu sich selbst kommt. Aber am Schluß der ganzen Philosophie ist ein ähnlicher Rückschlag in den Anfang nur auf *einem* Weg möglich. Nämlich indem man das Ende der Geschichte darin setzt, daß die Menschheit zur Erkenntnis eben dieser absoluten Idee kommt, und erklärt, daß diese Erkenntnis der absoluten Idee in der Hegelschen Philosophie erreicht ist. Damit wird aber der ganze dogmatische Inhalt des Hegelschen Systems für die absolute Wahrheit erklärt, im Widerspruch mit seiner dialektischen, alles Dogmatische auflösenden Methode; damit wird die revolutionäre Seite erstickt unter der überwuchernden konservativen. Und was von der philosophischen Erkenntnis, gilt auch von der geschichtlichen Praxis. Die Menschheit, die es, in der Person Hegels, bis zur Herausarbeitung der absoluten Idee gebracht hat, muß auch praktisch so weit gekommen sein, daß sie diese absolute Idee in der Wirklichkeit durchführen kann. Die praktischen politischen Forderungen der absoluten Idee an die Zeitgenossen dürfen also nicht zu hoch gespannt sein. Und so finden wir am Schluß der »Rechtsphilosophie«[12], daß die absolute Idee sich verwirklichen soll in derjenigen ständischen Monarchie, die Friedrich Wilhelm III. seinen Untertanen so hartnäckig vergebens versprach, also in einer den deutschen kleinbürgerlichen Verhältnissen von damals angemessenen, beschränkten und gemäßigten, indirekten Herrschaft der besitzenden Klassen; wobei uns noch die Notwendigkeit des Adels auf spekulativem Wege demonstriert wird.

Die innern Notwendigkeiten des Systems reichen also allein hin, die Erzeugung einer sehr zahmen politischen Schlußfolgerung, vermittelst einer durch und durch revolutionären Denkmethode, zu erklären. Die spezifische Form dieser Schlußfolgerung rührt allerdings davon her, daß Hegel ein Deutscher war und ihm wie seinem Zeitgenossen Goethe ein Stück Philisterzopfs hinten hing. Goethe wie Hegel waren jeder auf seinem Gebiet ein olympischer Zeus, aber den deutschen Philister wurden beide nie ganz los.

Alles dies hinderte jedoch das Hegelsche System nicht, ein unvergleichlich größeres Gebiet zu umfassen als irgendein früheres System und auf diesem Gebiet einen Reichtum des Gedankens zu entwickeln, der noch heute in Erstaunen setzt. Phänomenologie des Geistes (die man eine Parallele der Embryologie und der Paläontologie des Geistes nennen könnte, eine Entwicklung des individuellen Bewußtseins durch seine verschiedenen Stufen, gefaßt als abgekürzte Reproduktion der Stufen, die das Bewußtsein der Menschen geschichtlich durchgemacht), Logik, Naturphilosophie, Philosophie des Geistes, und diese letztere wieder in ihren einzelnen geschichtlichen Unterformen ausgearbeitet: Philosophie der Geschichte, des Rechts, der Religion, Geschichte der Philosophie, Ästhetik usw. – auf allen diesen verschiednen geschichtlichen Gebieten arbeitet Hegel daran, den durchgehenden Faden der Entwicklung aufzufinden und nachzuweisen; und da er nicht nur ein schöpferisches Genie war, sondern auch ein Mann von enzyklopädischer Gelehrsamkeit, so tritt er überall epochemachend auf. Es versteht sich von selbst, daß kraft der Notwendigkeiten des »Systems« er hier oft genug zu jenen gewaltsamen Konstruktionen seine Zuflucht nehmen muß, von denen seine zwerghaften Anfeinder bis heute ein so entsetzliches Geschrei machen. Aber diese Konstruktionen sind nur der Rahmen und das Baugerüst seines Werks; hält man sich hierbei nicht unnötig auf, dringt man tiefer ein in den gewaltigen Bau, so findet man ungezählte Schätze, die auch heute noch ihren vollen Wert behaupten. Bei allen Philosophen ist grade das »System« das Vergängliche, und zwar grade deshalb, weil es aus einem unvergänglichen Bedürfnis des Menschengeistes hervorgeht: dem Bedürfnis der Überwindung aller Widersprüche. Sind aber alle Widersprüche ein für allemal beseitigt, so sind wir bei der sogenannten absoluten Wahrheit angelangt, die Weltgeschichte ist zu Ende, und doch soll sie fortgehn, obwohl ihr nichts mehr zu tun übrigbleibt – also ein neuer, unlösbarer Widerspruch. Sobald wir einmal eingesehn haben – und zu dieser Einsicht hat uns schließlich niemand mehr verholfen als Hegel selbst –, daß die so gestellte Aufgabe der Philosophie weiter nichts heißt als die Aufgabe, daß ein einzelner Philosoph das leisten soll, was nur die gesamte Menschheit in ihrer fortschreitenden Entwicklung leisten kann – sobald wir das einsehn, ist es auch am Ende mit der ganzen Philosophie im bisherigen Sinn des Worts. Man läßt die auf diesem Weg und für jeden einzelnen unerreichbare »absolute Wahrheit« laufen und jagt dafür den erreichbaren relativen Wahrheiten nach auf dem Weg der positiven Wissenschaften und der Zusammenfassung ihrer Resultate vermittelst des dialektischen Denkens. Mit Hegel schließt die Philosophie überhaupt ab; einerseits weil er ihre ganze Entwicklung in seinem System in der großartigsten Weise zusammenfaßt, andrerseits weil er uns, wenn auch unbewußt, den Weg zeigt aus diesem Labyrinth der Systeme zur wirklichen positiven Erkenntnis der Welt.

Man begreift, welch ungeheure Wirkung dies Hegelsche System in der philosophisch gefärbten Atmosphäre Deutschlands hervorbringen mußte. Es war ein Triumphzug, der Jahrzehnte dauerte und mit dem Tod Hegels keineswegs zur Ruhe kam. Im Gegenteil, grade von 1830 bis 1840 herrschte die »Hegelei« am ausschließlichsten und hatte selbst ihre Gegner mehr oder weniger angesteckt; grade in dieser Zeit drangen Hegelsche Anschauungen am reichlichsten, bewußt oder unbewußt, in die verschiedensten Wissenschaften ein und durchsäuerten auch die populäre Literatur und die Tagespresse, aus denen das gewöhnliche »gebildete Bewußtsein« seinen Gedankenstoff bezieht. Aber dieser Sieg auf der ganzen Linie war nur das Vorspiel eines innern Kampfs.

Die Gesamtlehre Hegels ließ, wie wir gesehn, reichlichen Raum für die Unterbringung der verschiedensten praktischen Parteianschauungen; und praktisch waren im damaligen theoretischen Deutschland vor allem zwei Dinge: die Religion und die Politik. Wer das Hauptgewicht auf das *System* Hegels legte, konnte auf beiden Gebieten ziemlich konservativ sein; wer in der dialektischen *Methode* die Hauptsache sah, konnte religiös wie politisch zur äußersten Opposition gehören. Hegel selbst schien, trotz der ziemlich häufigen revolutionären Zornesausbrüche in seinen Werken, im ganzen mehr zur konservativen Seite zu neigen; hatte ihm doch sein System weit mehr »saure Arbeit des Gedankens« gekostet als seine Methode. Gegen Ende der dreißiger Jahre trat die Spaltung in der Schule mehr und mehr hervor. Der linke Flügel, die sogenannten Junghegelianer, gaben im Kampf mit pietistischen Orthodoxen und feudalen Reaktionären ein Stück nach dem andern auf von jener philosophisch-vornehmen Zurückhaltung gegenüber den brennenden Tagesfragen, die ihrer Lehre bisher staatliche Duldung und sogar Protektion gesichert hatte; und als gar 1840 die orthodoxe Frömmelei und die feudal-absolutistische Reaktion mit Friedrich Wilhelm IV. den Thron bestiegen, wurde offne Parteinahme unvermeidlich. Der Kampf wurde noch mit philosophischen Waffen geführt, aber nicht mehr um abstraktphilosophische Ziele; es handelte sich direkt um Vernichtung der überlieferten Religion und des bestehenden Staats. Und wenn in den »Deutschen Jahrbüchern«[13] die praktischen Endzwecke noch vorwiegend in philosophischer Verkleidung auftraten, so enthüllte sich die junghegelsche Schule in der »Rheinischen Zeitung«[14] von 1842 direkt als die Philosophie der aufstrebenden radikalen Bourgeoisie und brauchte das philosophische Deckmäntelchen nur noch zur Täuschung der Zensur.

Die Politik war aber damals ein sehr dorniges Gebiet, und so wandte sich der Hauptkampf gegen die Religion; dies war ja, namentlich seit 1840, indirekt auch ein politischer Kampf. Den ersten Anstoß hatte Strauß' »Leben Jesu« 1835 gegeben. Der hierin entwickelten Theorie der evangelischen Mythenbildung trat später Bruno Bauer mit dem Nachweis gegenüber, daß eine ganze Reihe evangelischer Erzählungen von den Verfassern selbst fabriziert worden. Der Streit zwischen beiden wurde geführt in der philosophischen Verkleidung eines Kampfes des »Selbstbewußtseins« gegen die »Substanz«; die Frage, ob die evangelischen Wundergeschichten durch bewußtlos-traditionelle Mythenbildung im Schoß der Gemeinde entstanden oder ob sie von den Evangelisten selbst fabriziert seien, wurde aufgebauscht zu der Frage, ob in der Weltgeschichte die »Substanz« oder das »Selbstbewußtsein« die entscheidend wirkende Macht sei; und schließlich kam Stirner, der Prophet des heutigen Anarchismus – Bakunin hat sehr viel aus ihm genommen –, und übergipfelte das souveräne »Selbstbewußtsein« durch seinen souveränen »Einzigen«[15].

Wir gehn auf diese Seite des Zersetzungsprozesses der Hegelschen Schule nicht weiter ein. Wichtiger für uns ist dies: Die Masse der entschiedensten Junghegelianer wurde durch die praktischen Notwendigkeiten ihres Kampfs gegen die positive Religion auf den englisch-französischen Materialismus zurückgedrängt. Und hier kamen sie in Konflikt mit ihrem Schulsystem. Während der Materialismus die Natur als das einzig Wirkliche auffaßt, stellt diese im Hegelschen System nur die

»Entäußerung« der absoluten Idee vor, gleichsam eine Degradation der Idee; unter allen Umständen ist hier das Denken und sein Gedankenprodukt, die Idee, das Ursprüngliche, die Natur das Abgeleitete, das nur durch die Herablassung der Idee überhaupt existiert. Und in diesem Widerspruch trieb man sich herum, so gut und so schlecht es gehn wollte.

Da kam Feuerbachs »Wesen des Christenthums«[16]. Mit *einem* Schlag zerstäubte es den Widerspruch, indem es den Materialismus ohne Umschweife wieder auf den Thron erhob. Die Natur existiert unabhängig von aller Philosophie; sie ist die Grundlage, auf der wir Menschen, selbst Naturprodukte, erwachsen sind; außer der Natur und den Menschen existiert nichts, und die höhern Wesen, die unsere religiöse Phantasie erschuf, sind nur die phantastische Rückspiegelung unsers eignen Wesens. Der Bann war gebrochen; das »System« war gesprengt und beiseite geworfen, der Widerspruch war, als nur in der Einbildung vorhanden, aufgelöst. – Man muß die befreiende Wirkung dieses Buchs selbst erlebt haben, um sich eine Vorstellung davon zu machen. Die Begeisterung war allgemein: Wir waren alle momentan Feuerbachianer. Wie enthusiastisch Marx die neue Auffassung begrüßte und wie sehr er – trotz aller kritischen Vorbehalte – von ihr beeinflußt wurde, kann man in der »Heiligen Familie«[17] lesen.

Selbst die Fehler des Buchs trugen zu seiner augenblicklichen Wirkung bei. Der belletristische, stellenweise sogar schwülstige Stil sicherte ein größeres Publikum und war immerhin eine Erquickung nach den langen Jahren abstrakter und abstruser Hegelei. Dasselbe gilt von der überschwenglichen Vergötterung der Liebe, die gegenüber der unerträglich gewordnen Souveränität des »reinen Denkens« eine Entschuldigung, wenn auch keine Berechtigung fand. Was wir aber nicht vergessen dürfen: Grade an diese beiden Schwächen Feuerbachs knüpfte der seit 1844 sich im »gebildeten« Deutschland wie eine Seuche verbreitende »wahre Sozialismus«[18] an, der an die Stelle der wissenschaftlichen Erkenntnis die belletristische Phrase, an die Stelle der Emanzipation des Proletariats durch die ökonomische Umgestaltung der Produktion die Befreiung der Menschheit vermittelst der »Liebe« setzte, kurz, sich in die widerwärtige Belletristik und Liebesschwüligkeit verlief, deren Typus Herr Karl Grün war.

Was fernerhin nicht zu vergessen: Die Hegelsche Schule war aufgelöst, aber die Hegelsche Philosophie war nicht kritisch überwunden. Strauß und Bauer nahmen jeder eine ihrer Seiten heraus und kehrten sie polemisch gegen die andre. Feuerbach durchbrach das System und warf es einfach beiseite. Aber man wird nicht mit einer Philosophie fertig dadurch, daß man sie einfach für falsch erklärt. Und ein so gewaltiges Werk wie die Hegelsche Philosophie, die einen so ungeheuren Einfluß auf die geistige Entwicklung der Nation gehabt, ließ sich nicht dadurch beseitigen, daß man sie kurzerhand ignorierte. Sie mußte in ihrem eigenen Sinn »aufgehoben« werden, d. h. in dem Sinn, daß ihre Form kritisch vernichtet, der durch sie gewonnene neue Inhalt aber gerettet wurde. Wie dies geschah, davon weiter unten.

Einstweilen schob die Revolution von 1848 jedoch die gesamte Philosophie ebenso ungeniert beiseite wie Feuerbach seinen Hegel. Und damit wurde auch Feuerbach selbst in den Hintergrund gedrängt.

II

Die große Grundfrage aller, speziell neueren Philosophie ist die nach dem Verhältnis von Denken und Sein. Seit der sehr frühen Zeit, wo die Menschen, noch in gänzlicher Unwissenheit über ihren eigenen Körperbau und angeregt durch Traumerscheinungen[1*], auf die Vorstellung kamen, ihr Denken und Empfinden sei nicht eine Tätigkeit ihres Körpers, sondern einer besonderen, in diesem Körper wohnenden und ihn beim Tode verlassenden Seele – seit dieser Zeit mußten sie über das Verhältnis dieser Seele zur äußern Welt sich Gedanken machen. Wenn sie im Tod sich vom Körper trennte, fortlebte, so lag kein Anlaß vor, ihr noch einen besondren Tod anzudichten; so entstand die Vorstellung von ihrer Unsterblichkeit, die auf jener Entwicklungsstufe keineswegs als ein Trost erscheint, sondern als ein Schicksal, wogegen man nicht ankann, und oft genug, wie bei den Griechen, als ein positives Unglück. Nicht das religiöse Trostbedürfnis, sondern die aus gleich allgemeiner Beschränktheit hervorwachsende Verlegenheit, was mit der einmal angenommenen Seele, nach dem Tod des Körpers, anzufangen, führte allgemein zu der langweiligen Einbildung von der persönlichen Unsterblichkeit. Auf ganz ähnlichem Weg entstanden, durch Personifikation der Naturmächte, die ersten Götter, die in der weitern Ausbildung der Religionen eine mehr und mehr außerweltliche Gestalt annahmen, bis endlich durch einen im Verlauf der geistigen Entwicklung sich naturgemäß einstellenden Abstraktions-, ich möchte fast sagen Destillationsprozeß aus den vielen, mehr oder minder beschränkten

[1*] Noch heute ist bei Wilden und niedern Barbaren die Vorstellung allgemein, daß die im Traum erscheinenden menschlichen Gestalten Seelen seien, die zeitweilig den Körper verlassen; der wirkliche Mensch wird daher auch für die Handlungen verantwortlich gehalten, die seine Traumerscheinung gegenüber dem Träumenden begangen. So fand es z. B. im Thurn 1884 bei den Indianern in Guyana[19].

und sich gegenseitig beschränkenden Göttern die Vorstellung von dem einen ausschließlichen Gott der monotheistischen Religionen[20] in den Köpfen der Menschen entstand.

Die Frage nach dem Verhältnis des Denkens zum Sein, des Geistes zur Natur, die höchste Frage der gesamten Philosophie hat also, nicht minder als alle Religion, ihre Wurzel in den bornierten und unwissenden Vorstellungen des Wildheitszustands. Aber in ihrer vollen Schärfe konnte sie erst gestellt werden, ihre ganze Bedeutung konnte sie erst erlangen, als die europäische Menschheit aus dem langen Winterschlaf des christlichen Mittelalters erwachte. Die Frage nach der Stellung des Denkens zum Sein, die übrigens auch in der Scholastik des Mittelalters ihre große Rolle gespielt, die Frage: Was ist das Ursprüngliche, der Geist oder die Natur? – diese Frage spitzte sich, der Kirche gegenüber, dahin zu: Hat Gott die Welt erschaffen, oder ist die Welt von Ewigkeit da?

Je nachdem diese Frage so oder so beantwortet wurde, spalteten sich die Philosophen in zwei große Lager. Diejenigen, die die Ursprünglichkeit des Geistes gegenüber der Natur behaupteten, also in letzter Instanz eine Weltschöpfung irgendeiner Art annahmen – und diese Schöpfung ist oft bei den Philosophen, z. B. bei Hegel, noch weit verzwickter und unmöglicher als im Christentum –, bildeten das Lager des Idealismus. Die andern, die die Natur als das Ursprüngliche ansahen, gehören zu den verschiednen Schulen des Materialismus.

Etwas andres als dies bedeuten die beiden Ausdrücke: Idealismus und Materialismus ursprünglich nicht, und in einem andern Sinne werden sie hier auch nicht gebraucht. Welche Verwirrung entsteht, wenn man etwas andres in sie hineinträgt, werden wir unten sehn.

Die Frage nach dem Verhältnis von Denken und Sein hat aber noch eine andre Seite: Wie verhalten sich unsere Gedanken über die uns umgebende Welt zu dieser Welt selbst? Ist unser Denken imstande, die wirkliche Welt zu erkennen, vermögen wir in unsern Vorstellungen und Begriffen von der wirklichen Welt ein richtiges Spiegelbild der Wirklichkeit zu erzeugen? Diese Frage heißt in der philosophischen Sprache die Frage nach der Identität von Denken und Sein und wird von der weitaus größten Zahl der Philosophen bejaht. Bei Hegel z. B. versteht sich ihre Bejahung von selbst; denn das, was wir in der wirklichen Welt erkennen, ist eben ihr gedankenmäßiger Inhalt, dasjenige, was die Welt zu einer stufenweisen Verwirklichung der absoluten Idee macht, welche absolute Idee von Ewigkeit her, unabhängig von der Welt und vor der Welt, irgendwo existiert hat; daß aber das Denken einen Inhalt erkennen kann, der schon von vornherein Gedankeninhalt ist, leuchtet ohne weitres ein. Ebensosehr leuchtet ein, daß hier das zu Beweisende im stillen schon in der Voraussetzung enthalten ist. Das hindert aber Hegel keineswegs, aus seinem Beweis der Identität von Denken und Sein den weitern Schluß zu ziehen, daß seine Philosophie, weil für sein Denken richtig, nun auch die einzig richtige ist und daß die Identität von Denken und Sein sich darin zu bewähren hat, daß die Menschheit sofort seine Philosophie aus der Theorie in die Praxis übersetzt und die ganze Welt nach Hegelschen Grundsätzen umgestaltet. Es ist dies eine Illusion, die er so ziemlich mit allen Philosophen teilt.

Daneben gibt es aber noch eine Reihe andrer Philosophen, die die Möglichkeit einer Erkenntnis der Welt oder doch einer erschöpfenden Erkenntnis bestreiten. Zu ihnen gehören unter den neueren Hume und Kant, und sie haben eine sehr bedeutende Rolle in der philosophischen Entwicklung gespielt. Das Entscheidende zur Widerlegung dieser Ansicht ist bereits von Hegel gesagt, soweit dies vom idealistischen Standpunkt möglich war; was Feuerbach Materialistisches hinzugefügt, ist mehr geistreich als tief. Die schlagendste Widerlegung dieser wie aller andern philosophischen Schrullen ist die Praxis, nämlich das Experiment und die Industrie. Wenn wir die Richtigkeit unsrer Auffassung eines Naturvorgangs beweisen können, indem wir ihn selbst machen, ihn aus seinen Bedingungen erzeugen, ihn obendrein unsern Zwecken dienstbar werden lassen, so ist es mit dem Kantschen unfaßbaren »Ding an sich« zu Ende. Die im pflanzlichen und tierischen Körper erzeugten chemischen Stoffe blieben solche »Dinge an sich«, bis die organische Chemie sie einen nach dem andern darzustellen anfing; damit wurde das »Ding an sich« ein Ding für uns, wie z. B. der Farbstoff des Krapps, das Alizarin, das wir nicht mehr auf dem Felde in den Krappwurzeln wachsen lassen, sondern aus Kohlenteer weit wohlfeiler und einfacher herstellen. Das kopernikanische Sonnensystem war dreihundert Jahre lang eine Hypothese, auf die hundert, tausend, zehntausend gegen eins zu wetten war, aber doch immer eine Hypothese; als aber Leverrier aus den durch dies System gegebenen Daten nicht nur die Notwendigkeit der Existenz eines unbekannten Planeten, sondern auch den Ort berechnete, wo dieser Planet am Himmel stehn müsse, und als Galle dann diesen Planeten[21] wirklich fand, da war das kopernikanische System bewiesen. Wenn dennoch die Neubelebung der Kantschen Auffassung in Deutschland durch die Neukantianer und der Humeschen in England (wo sie nie ausgestorben) durch die Agnostiker versucht wird, so ist das, der längst erfolgten theoretischen und praktischen Widerlegung gegenüber, wissenschaftlich ein Rückschritt und praktisch nur eine verschämte Weise, den Materialismus hinterrücks zu akzeptieren und vor der Welt zu verleugnen.

Die Philosophen wurden aber in dieser langen Periode von Descartes bis Hegel und von Hobbes bis Feuerbach keineswegs, wie sie glaubten, allein durch die Kraft des reinen Gedankens vorangetrieben. Im Gegenteil. Was sie in Wahrheit vorantrieb, das war namentlich der gewaltige und immer schneller voranstürmende Fortschritt der Naturwissenschaft und der Industrie. Bei den Materialisten zeigte sich dies schon auf der Oberfläche, aber auch die idealistischen Systeme erfüllten sich mehr und mehr mit materialistischem Inhalt und suchten den Gegensatz von Geist und Materie pantheistisch[22] zu versöhnen; so daß schließlich das Hegelsche System nur einen nach Methode und Inhalt idealistisch auf den Kopf gestellten Materialismus repräsentiert.

Es ist hiermit begreiflich, daß Starcke in seiner Charakteristik Feuerbachs zunächst dessen Stellung zu dieser Grundfrage über das Verhältnis von Denken und Sein untersucht. Nach einer kurzen Einleitung, worin die Auffassung der frühern Philosophen, namentlich seit Kant, in unnötig philosophisch-schwerfälliger Sprache geschildert wird und wobei Hegel durch allzu formalistisches Festhalten an einzelnen Stellen seiner Werke sehr zu kurz kommt, folgt eine ausführliche Darstellung des Entwicklungsgangs der Feuerbachschen »Metaphysik« selbst, wie er sich aus der Reihenfolge der betreffenden Schriften dieses Philosophen ergibt. Diese Darstellung ist fleißig und übersichtlich gearbeitet, nur wie das ganze Buch mit einem keineswegs überall unvermeidlichen Ballast philosophischer Ausdrucksweise beschwert, der um so störender wirkt, je weniger sich der Verfasser an die Ausdrucksweise einer und derselben Schule oder auch Feuerbachs selbst hält, und je mehr er Ausdrücke der verschiedensten, namentlich der jetzt grassierenden, sich philosophisch nennenden Richtungen hineinmengt.

Der Entwicklungsgang Feuerbachs ist der eines – freilich nie ganz orthodoxen – Hegelianers zum Materialismus hin, eine Entwicklung, die auf einer bestimmten Stufe einen totalen Bruch mit dem idealistischen System seines Vorgängers bedingt. Mit unwiderstehlicher Gewalt drängt sich ihm schließlich die Einsicht auf, daß die Hegelsche vorweltliche Existenz der »absoluten Idee«, die »Präexistenz der logischen Kategorien«, ehe denn die Welt war, weiter nichts ist als ein phantastischer Überrest des Glaubens an einen außerweltlichen Schöpfer; daß die stoffliche, sinnlich wahrnehmbare Welt, zu der wir selbst gehören, das einzig Wirkliche und daß unser Bewußtsein und Denken, so übersinnlich es scheint, das Erzeugnis eines stofflichen, körperlichen Organs, des Gehirns ist. Die Materie ist nicht ein Erzeugnis des Geistes, sondern der Geist ist selbst nur das höchste Produkt der Materie. Dies ist natürlich reiner Materialismus. Hier angekommen, stutzt Feuerbach. Er kann das gewohnheitsmäßige, philosophische

Vorurteil nicht überwinden, das Vorurteil nicht gegen die Sache, sondern gegen den Namen des Materialismus. Er sagt:

»Der Materialismus ist für mich die Grundlage des Gebäudes des menschlichen Wesens und Wissens; aber er ist für mich nicht, was er für den Physiologen, den Naturforscher im engern Sinn, z. B. Moleschott ist, und zwar notwendig von ihrem Standpunkt und Beruf aus ist, das Gebäude selbst. Rückwärts stimme ich den Materialisten vollkommen bei, aber nicht vorwärts.«[23]

Feuerbach wirft hier den Materialismus, der eine auf einer bestimmten Auffassung des Verhältnisses von Materie und Geist beruhende allgemeine Weltanschauung ist, zusammen mit der besondern Form, worin diese Weltanschauung auf einer bestimmten geschichtlichen Stufe, nämlich im 18. Jahrhundert, zum Ausdruck kam. Noch mehr, er wirft ihn zusammen mit der verflachten, vulgarisierten Gestalt, worin der Materialismus des 18. Jahrhunderts heute in den Köpfen von Naturforschern und Ärzten fortexistiert und in den fünfziger Jahren von Büchner, Vogt und Moleschott gereisepredigt wurde. Aber wie der Idealismus eine Reihe von Entwicklungsstufen durchlief, so auch der Materialismus. Mit jeder epochemachenden Entdeckung schon auf naturwissenschaftlichem Gebiet muß er seine Form ändern; und seitdem auch die Geschichte der materialistischen Behandlung unterworfen, eröffnet sich auch hier eine neue Bahn der Entwicklung.

Der Materialismus des vorigen Jahrhunderts war vorwiegend mechanisch, weil von allen Naturwissenschaften damals nur die Mechanik, und zwar auch nur die der – himmlischen und irdischen – festen Körper, kurz, die Mechanik der Schwere, zu einem gewissen Abschluß gekommen war. Die Chemie existierte nur erst in ihrer kindlichen, phlogistischen Gestalt. Die Biologie lag noch in den Windeln; der pflanzliche und tierische Organismus war nur im groben untersucht und wurde aus rein mechanischen Ursachen erklärt; wie dem Descartes das Tier, war den Materialisten des 18. Jahrhunderts der Mensch eine Maschine. Diese ausschließliche Anwendung des Maßstabs der Mechanik auf Vorgänge, die chemischer und organischer Natur sind und bei denen die mechanischen Gesetze zwar auch gelten, aber von andern, höhern Gesetzen in den Hintergrund gedrängt werden, bildet die eine spezifische, aber ihrer Zeit unvermeidliche Beschränktheit des klassischen französischen Materialismus.

Die zweite spezifische Beschränktheit dieses Materialismus bestand in seiner Unfähigkeit, die Welt als einen Prozeß, als einen in einer geschichtlichen Fortbildung begriffenen Stoff aufzufassen. Dies entsprach dem damaligen Stand der Naturwissenschaft und der damit zusammenhängenden metaphysischen, d. h. antidialektischen Weise des Philosophierens. Die Natur, das wußte man, war in ewiger Bewegung begriffen. Aber diese Bewegung drehte sich nach damaliger Vorstellung ebenso ewig im Kreise und kam daher nie vom Fleck; sie erzeugte immer wieder dieselben Ergebnisse. Diese Vorstellung war damals unvermeidlich. Die Kantsche Theorie von der Entstehung des Sonnensystems war erst soeben aufgestellt und passierte nur noch als bloßes Kuriosum. Die Geschichte der Entwicklung der Erde, die Geologie, war noch total unbekannt, und die Vorstellung, daß die heutigen belebten Naturwesen das Ergebnis einer langen Entwicklungsreihe vom Einfachen zum Komplizierten sind, konnte damals wissenschaftlich überhaupt nicht aufgestellt werden. Die unhistorische Auffassung der Natur war also unvermeidlich. Man kann den Philosophen des 18. Jahrhunderts daraus um so weniger einen Vorwurf machen, als sie sich auch bei Hegel findet. Bei diesem ist die Natur, als bloße »Entäußerung« der Idee, keiner Entwicklung in der Zeit fähig, sondern nur einer Ausbreitung ihrer Mannigfaltigkeit im Raum, so daß sie alle in ihr einbegriffnen Entwicklungsstufen gleichzeitig und nebeneinander ausstellt und zu ewiger Wiederholung stets derselben Prozesse verdammt ist. Und diesen Widersinn einer Entwicklung im Raum, aber außer der Zeit – der Grundbedingung aller Entwicklung – bürdet Hegel der Natur auf grade zu derselben Zeit, wo die Geologie, die Embryologie, die pflanzliche und tierische Physiologie und die organische Chemie ausgebildet wurden und wo überall auf

Grundlage dieser neuen Wissenschaften geniale Vorahnungen der späteren Entwicklungstheorie auftauchten (z. B. Goethe und Lamarck). Aber das System erforderte es so, und so mußte die Methode, dem System zulieb, sich selbst untreu werden.

Dieselbe unhistorische Auffassung galt auch auf dem Gebiet der Geschichte. Hier hielt der Kampf gegen die Reste des Mittelalters den Blick befangen. Das Mittelalter galt als einfache Unterbrechung der Geschichte durch tausendjährige allgemeine Barbarei; die großen Fortschritte des Mittelalters – die Erweiterung des europäischen Kulturgebiets, die lebensfähigen großen Nationen, die sich dort nebeneinander gebildet, endlich die enormen technischen Fortschritte des 14. und 15. Jahrhunderts –, alles das sah man nicht. Damit war aber eine rationelle Einsicht in den großen geschichtlichen Zusammenhang unmöglich gemacht, und die Geschichte diente höchstens als eine Sammlung von Beispielen und Illustrationen zum Gebrauch der Philosophen.

Die vulgarisierenden Hausierer, die in den fünfziger Jahren in Deutschland in Materialismus machten, kamen in keiner Weise über diese Schranke ihrer Lehrer hinaus. Alle seitdem gemachten Fortschritte der Naturwissenschaft dienten ihnen nur als neue[24] Beweisgründe gegen die Existenz des Weltschöpfers; und in der Tat lag es ganz außerhalb ihres Geschäfts, die Theorie weiterzuentwickeln. War der Idealismus am Ende seines Lateins und durch die Revolution von 1848 auf den Tod getroffen, so erlebte er die Genugtuung, daß der Materialismus momentan noch tiefer heruntergekommen war. Feuerbach hatte entschieden recht, wenn er die Verantwortung für diesen Materialismus ablehnte; nur durfte er die Lehre der Reiseprediger nicht verwechseln mit dem Materialismus überhaupt.

Indes ist hier zweierlei zu bemerken. Erstens war auch zu Feuerbachs Lebzeiten die Naturwissenschaft noch in jenem heftigen Gärungsprozeß begriffen, der erst in den letzten fünfzehn Jahren einen klärenden, relativen Abschluß erhalten hat; es wurde neuer Erkenntnisstoff in bisher unerhörtem Maß geliefert, aber die Herstellung des Zusammenhangs und damit der Ordnung in diesem Chaos sich überstürzender Entdeckungen ist erst ganz neuerdings möglich geworden. Zwar hat Feuerbach die drei entscheidenden Entdeckungen – die der Zelle, der Verwandlung der Energie und der nach Darwin benannten Entwicklungstheorie – noch alle erlebt. Aber wie sollte der einsame Philosoph auf dem Lande die Wissenschaft hinreichend verfolgen können, um Entdeckungen vollauf zu würdigen, die die Naturforscher selbst damals teils noch bestritten, teils nicht hinreichend auszubeuten verstanden? Die Schuld fällt hier einzig auf die erbärmlichen deutschen Zustände, kraft deren die Lehrstühle der Philosophie von spintisierenden eklektischen Flohknackern in Beschlag genommen wurden, während Feuerbach, der sie alle turmhoch überragte, in einem kleinen Dorf verbauern und versauern mußte. Es ist also nicht Feuerbachs Schuld, wenn die jetzt möglich gewordne, alle Einseitigkeiten des französischen Materialismus entfernende, historische Naturauffassung ihm unzugänglich blieb.

Zweitens aber hat Feuerbach darin ganz recht, daß der bloß naturwissenschaftliche Materialismus zwar die

»Grundlage des Gebäudes des menschlichen Wissens ist, aber nicht das Gebäude selbst«[23].

Denn wir leben nicht nur in der Natur, sondern auch in der menschlichen Gesellschaft, und auch diese hat ihre Entwicklungsgeschichte und ihre Wissenschaft nicht minder als die Natur. Es handelte sich also darum, die Wissenschaft von der Gesellschaft, d.h. den Inbegriff der sogenannten historischen und philosophischen Wissenschaften, mit der materialistischen Grundlage in Einklang zu bringen und auf ihr zu rekonstruieren. Dies aber war Feuerbach nicht vergönnt. Hier blieb er, trotz der »Grundlage«, in den überkommnen idealistischen Banden befangen, und dies erkennt er an mit den Worten:

»Rückwärts stimme ich den Materialisten bei, aber nicht vorwärts.«[23]

Wer aber hier, auf dem gesellschaftlichen Gebiet, nicht »vorwärts«kam, nicht über seinen Standpunkt von 1840 oder [18]44 hinaus, das war Feuerbach selbst, und zwar wiederum hauptsächlich infolge seiner Verödung, die ihn zwang, Gedanken aus seinem einsamen Kopf zu produzieren – ihn, der vor allen andern Philosophen auf geselligen Verkehr veranlagt war – statt im freundlichen und feindlichen Zusammentreffen mit andern Menschen seines Kalibers. Wie sehr er auf diesem Gebiet Idealist bleibt, werden wir später im einzelnen sehn.

Hier ist nur noch zu bemerken, daß Starcke den Idealismus Feuerbachs am unrechten Ort sucht.

»Feuerbach ist Idealist, er glaubt an den Fortschritt der Menschheit.« (S. 19.) – »Die Grundlage, der Unterbau des Ganzen, bleibt nichtsdestoweniger der Idealismus. Der Realismus ist für uns nichts weiter als ein Schutz gegen Irrwege, während wir unseren idealen Strömungen folgen. Sind nicht Mitleid, Liebe und Begeisterung für Wahrheit und Recht ideale Mächte?« (S. VIII.)

Erstens heißt hier Idealismus nichts andres als Verfolgung idealer Ziele. Diese aber haben notwendig zu tun höchstens mit dem Kantschen Idealismus und seinem »kategorischen Imperativ«; aber selbst Kant nannte seine Philosophie »transzendentalen Idealismus«, keineswegs, weil es sich darin auch um sittliche Ideale handelt, sondern aus ganz andren Gründen, wie Starcke sich erinnern wird. Der Aberglaube, daß der philosophische Idealismus sich um den Glauben an sittliche, d. h. gesellschaftliche Ideale drehe, ist entstanden außerhalb der Philosophie, beim deutschen Philister, der die ihm nötigen wenigen philosophischen Bildungsbrocken in Schillers Gedichten auswendig lernt. Niemand hat den ohnmächtigen Kantschen »kategorischen Imperativ« – ohnmächtig, weil er das Unmögliche fordert, also nie zu etwas Wirklichem kommt – schärfer kritisiert, niemand die durch Schiller vermittelte Philisterschwärmerei für unrealisierbare Ideale grausamer verspottet (siehe z. B. die »Phänomenologie«[25]) als grade der vollendete Idealist Hegel.

Zweitens aber ist es nun einmal nicht zu vermeiden, daß

alles, was einen Menschen bewegt, den Durchgang durch seinen Kopf machen muß – sogar Essen und Trinken, das infolge von vermittelst des Kopfs empfundnem Hunger und Durst begonnen und infolge von ebenfalls vermittelst des Kopfs empfundner Sättigung beendigt wird. Die Einwirkungen der Außenwelt auf den Menschen drücken sich in seinem Kopf aus, spiegeln sich darin ab als Gefühle, Gedanken, Triebe, Willensbestimmungen, kurz, als »ideale Strömungen«, und werden in dieser Gestalt zu »idealen Mächten«. Wenn nun der Umstand, daß dieser Mensch überhaupt »idealen Strömungen folgt« und »idealen Mächten« einen Einfluß auf sich zugesteht – wenn dies ihn zum Idealisten macht, so ist jeder einigermaßen normal entwickelte Mensch ein geborner Idealist, und wie kann es da überhaupt noch Materialisten geben?

Drittens hat die Überzeugung, daß die Menschheit, augenblicklich wenigstens, sich im ganzen und großen in fortschreitender Richtung bewegt, absolut nichts zu tun mit dem Gegensatz von Materialismus und Idealismus. Die französischen Materialisten hatten diese Überzeugung in fast fanatischem Grad, nicht minder als die Deisten[26] Voltaire und Rousseau, und brachten ihr oft genug die größten persönlichen Opfer. Wenn irgend jemand der »Begeisterung für Wahrheit und Recht« – die Phrase im guten Sinn genommen – das ganze Leben weihte, so war es z. B. Diderot. Wenn also Starcke dies alles für Idealismus erklärt, so beweist dies nur, daß das Wort Materialismus und der ganze Gegensatz beider Richtungen für ihn hier allen Sinn verloren hat.

Die Tatsache ist, daß Starcke hier dem von der langjährigen Pfaffenverlästerung her überkommenen Philistervorurteil gegen den Namen Materialismus eine unverzeihliche Konzession macht – wenn auch vielleicht unbewußt. Der Philister versteht unter Materialismus Fressen, Saufen, Augenlust, Fleischeslust und hoffärtiges Wesen, Geldgier, Geiz, Habsucht, Profitmacherei und Börsenschwindel, kurz, alle die schmierigen Laster, denen er selbst im stillen frönt; und unter Idealismus den Glauben an Tugend, allgemeine Menschenliebe und überhaupt eine »bessere Welt«, womit er vor andern renommiert, woran er selbst aber höchstens glaubt, solange er den auf seine gewohnheitsmäßigen »materialistischen« Exzesse notwendig folgenden Katzenjammer oder Bankerott durchzumachen pflegt und dazu sein Lieblingslied singt: Was ist der Mensch – halb Tier, halb Engel.

Im übrigen gibt sich Starcke viel Mühe, Feuerbach gegen die Angriffe und Lehrsätze der sich heute unter dem Namen Philosophen in Deutschland breitmachenden Dozenten zu verteidigen. Für Leute, die sich für diese Nachgeburt der klassischen deutschen Philosophie interessieren, ist das gewiß wichtig; für Starcke selbst mochte dies notwendig scheinen. Wir verschonen den Leser damit.

III

Der wirkliche Idealismus Feuerbachs tritt zutage, sobald wir auf seine Religionsphilosophie und Ethik kommen. Er will die Religion keineswegs abschaffen, er will sie vollenden. Die Philosophie selbst soll aufgehn in Religion.

»Die Perioden der Menschheit unterscheiden sich nur durch religiöse Veränderungen. Nur da geht eine geschichtliche Bewegung auf den Grund ein, wo sie auf das Herz des Menschen eingeht. Das Herz ist nicht eine Form der Religion, so daß sie auch im Herzen sein sollte; es ist das Wesen der Religion.« (Zitiert bei Starcke, S. 168.)

Religion ist nach Feuerbach das Gefühlsverhältnis, das Herzensverhältnis zwischen Mensch und Mensch, das bisher in einem phantastischen Spiegelbild der Wirklichkeit – in der Vermittlung durch einen oder viele Götter, phantastische Spiegelbilder menschlicher Eigenschaften – seine Wahrheit suchte, jetzt aber in der Liebe zwischen Ich und Du sie direkt und ohne Vermittlung findet. Und so wird bei Feuerbach schließlich die Geschlechtsliebe eine der höchsten, wenn nicht die höchste Form der Ausübung seiner neuen Religion.

Nun haben Gefühlsverhältnisse zwischen den Menschen, namentlich auch zwischen beiden Geschlechtern bestanden, solange es Menschen gibt. Die Geschlechtsliebe speziell hat in den letzten achthundert Jahren eine Ausbildung erhalten und eine Stellung erobert, die sie während dieser Zeit zum obligatorischen Drehzapfen aller Poesie gemacht hat. Die bestehenden positiven Religionen haben sich darauf beschränkt, der staatlichen Regelung der Geschlechtsliebe, d. h. der Ehegesetzgebung, die höhere Weihe zu geben, und können morgen sämtlich verschwinden, ohne daß an der Praxis von Liebe und Freundschaft das Geringste geändert wird. Wie die christliche Religion denn auch in Frankreich von 1793 bis 1798 faktisch so sehr verschwunden war, daß selbst Napoleon sie nicht ohne Widerstreben und Schwierigkeit wieder einführen konnte, ohne daß jedoch während des Zwischenraums das Bedürfnis nach einem Ersatz im Sinn Feuerbachs hervortrat.

Der Idealismus besteht hier bei Feuerbach darin, daß er die auf gegenseitiger Neigung beruhenden Verhältnisse der Menschen zueinander, Geschlechtsliebe, Freundschaft, Mitleid, Aufopferung usw., nicht einfach als das gelten läßt, was sie ohne Rückerinnerung an eine, auch für ihn der Vergangenheit angehörige, besondre Religion aus sich selbst sind, sondern behauptet, sie kämen erst zu ihrer vollen Geltung, sobald man ihnen eine höhere Weihe gibt durch den Namen Religion. Die Hauptsache für ihn ist nicht, daß diese rein menschlichen Beziehungen existieren, sondern daß sie als die neue, wahre Religion aufgefaßt werden. Sie sollen für voll gelten, erst wenn sie religiös abgestempelt sind. Religion kommt her von religare und heißt ursprünglich Verbindung. Also ist jede Verbindung zweier Menschen eine Religion. Solche etymologische Kunststücke bilden das letzte Auskunftsmittel der idealistischen Philosophie. Nicht was das Wort nach der geschichtlichen Entwicklung seines wirklichen Gebrauchs bedeutet, sondern was es der Abstammung nach bedeuten sollte, das soll gelten. Und so wird die Geschlechtsliebe und die geschlechtliche Verbindung in eine »Religion« verhimmelt, damit nur ja nicht das der idealistischen Erinnerung teure Wort Religion aus der Sprache verschwinde. Grade so sprachen in den vierziger Jahren die Pariser Reformisten[27] der Louis Blancschen Richtung, die sich ebenfalls einen Menschen ohne Religion nur als ein Monstrum vorstellen konnten und uns sagten: Donc, l'athéisme c'est votre religion![1] Wenn Feuerbach die wahre Religion auf Grundlage einer wesentlich materialistischen Naturanschauung herstellen will, so heißt das soviel, wie die moderne Chemie als die wahre Alchimie auffassen. Wenn die Religion ohne ihren Gott bestehen kann, dann auch die Alchimie ohne ihren Stein der Weisen. Es besteht übrigens ein sehr enges Band zwischen Alchimie und Religion. Der Stein der

[1] Also der Atheismus ist eure Religion!

Weisen hat viele gottähnliche Eigenschaften, und die ägyptisch-griechischen Alchimisten der ersten beiden Jahrhunderte unserer Zeitrechnung haben bei der Ausbildung der christlichen Doktrin ihr Händchen mit im Spiel gehabt, wie die bei Kopp und Berthelot gegebenen Daten beweisen.

Entschieden falsch ist Feuerbachs Behauptung, daß die

»Perioden der Menschheit sich nur durch religiöse Veränderungen unterscheiden«.

Große geschichtliche Wendepunkte sind von religiösen Veränderungen *begleitet* worden, nur soweit die drei Weltreligionen in Betracht kommen, die bisher bestanden haben: Buddhismus, Christentum, Islam. Die alten naturwüchsig entstandnen Stammes- und Nationalreligionen waren nicht propagandistisch und verloren alle Widerstandskraft, sobald die Selbständigkeit der Stämme und Völker gebrochen war; bei den Germanen genügte sogar die einfache Berührung mit dem verfallenden römischen Weltreich und der von ihm soeben aufgenommenen, seinem ökonomischen, politischen und ideellen Zustand angemeßnen christlichen Weltreligion. Erst bei diesen mehr oder weniger künstlich entstandnen Weltreligionen, namentlich beim Christentum und Islam, finden wir, daß allgemeinere geschichtliche Bewegungen ein religiöses Gepräge annehmen, und selbst auf dem Gebiet des Christentums ist das religiöse Gepräge, für Revolutionen von wirklich universeller Bedeutung, beschränkt auf die ersten Stufen des Emanzipationskampfes der Bourgeoisie, vom dreizehnten bis zum siebzehnten Jahrhundert, und erklärt sich nicht, wie Feuerbach meint, aus dem Herzen des Menschen und seinem Religionsbedürfnis, sondern aus der ganzen mittelalterlichen Vorgeschichte, die keine andere Form der Ideologie kannte als eben die Religion und Theologie. Als aber die Bourgeoisie im 18. Jahrhundert hinreichend erstarkt war, um auch ihre eigne, ihrem Klassenstandpunkt angemeßne Ideologie zu haben, da machte sie ihre große und endgültige Revolution, die französische, unter dem ausschließlichen Appell an juristische und politische Ideen durch und kümmerte sich um die Religion nur so weit, als diese ihr im Wege stand; es fiel ihr aber nicht ein, eine neue Religion an die Stelle der alten zu setzen; man weiß, wie Robespierre damit scheiterte.

Die Möglichkeit rein menschlicher Empfindung im Verkehr mit andern Menschen wird uns heutzutage schon genug verkümmert durch die auf Klassengegensatz und Klassenherrschaft gegründete Gesellschaft, in der wir uns bewegen müssen: Wir haben keinen Grund, sie uns selbst noch mehr zu verkümmern, indem wir diese Empfindungen in eine Religion verhimmeln. Und ebenso wird das Verständnis der geschichtlichen großen Klassenkämpfe von der landläufigen Geschichtschreibung, namentlich in Deutschland, schon hinreichend verdunkelt, auch ohne daß wir nötig hätten, es durch Verwandlung dieser Kampfesgeschichte in einen bloßen Anhang der Kirchengeschichte uns vollends unmöglich zu machen. Schon hier zeigt sich, wie weit wir uns heute von Feuerbach entfernt haben. Seine »schönsten Stellen«, zur Feier dieser neuen Liebesreligion, sind heute gar nicht mehr lesbar.

Die einzige Religion, die Feuerbach ernstlich untersucht, ist das Christentum, die Weltreligion des Abendlands, die auf den Monotheismus gegründet ist. Er weist nach, daß der christliche Gott nur der phantastische Reflex, das Spiegelbild des Menschen ist. Nun aber ist dieser Gott selbst das Produkt eines langwierigen Abstraktionsprozesses, die konzentrierte Quintessenz der früheren vielen Stammes- und Nationalgötter. Und dementsprechend ist auch der Mensch, dessen Abbild jener Gott ist, nicht ein wirklicher Mensch, sondern ebenfalls die Quintessenz der vielen wirklichen Menschen, der abstrakte Mensch, also selbst wieder ein Gedankenbild. Derselbe Feuerbach, der auf jeder Seite Sinnlichkeit, Versenkung ins Konkrete, in die Wirklichkeit predigt, er wird durch und durch abstrakt, sowie er auf einen weiteren als den bloß geschlechtlichen Verkehr zwischen den Menschen zu sprechen kommt.

Dieser Verkehr bietet ihm nur eine Seite: die Moral. Und hier frappiert uns wieder die erstaunliche Armut Feuerbachs verglichen mit Hegel. Dessen Ethik oder Lehre von der Sittlichkeit ist die Rechtsphilosophie und umfaßt: 1. das abstrakte Recht, 2. die Moralität, 3. die Sittlichkeit, unter welcher wieder zusammengefaßt sind: die Familie, die bürgerliche Gesellschaft, der Staat. So idealistisch die Form, so realistisch ist hier der Inhalt. Das ganze Gebiet des Rechts, der Ökonomie, der Politik ist neben der Moral hier mit einbegriffen. Bei Feuerbach grade umgekehrt. Er ist der Form nach realistisch, er geht vom Menschen aus; aber von der Welt, worin dieser Mensch lebt, ist absolut nicht die Rede, und so bleibt dieser Mensch stets derselbe abstrakte Mensch, der in der Religionsphilosophie das Wort führte. Dieser Mensch ist eben nicht aus dem Mutterleib geboren, er hat sich aus dem Gott der monotheistischen Religionen entpuppt, er lebt daher auch nicht in einer wirklichen, geschichtlich entstandenen und geschichtlich bestimmten Welt; er verkehrt zwar mit andern Menschen, aber jeder andere ist ebenso abstrakt wie er selbst. In der Religionsphilosophie hatten wir doch noch Mann und Weib, aber in der Ethik verschwindet auch dieser letzte Unterschied. Allerdings kommen bei Feuerbach in weiten Zwischenräumen Sätze vor wie:

»In einem Palast denkt man anders als in einer Hütte.«[28] – »Wo du vor Hunger, vor Elend keinen Stoff im Leibe hast, da hast du auch in deinem Kopfe, in deinem Sinne und Herzen keinen Stoff zur Moral.«[29] – »Die Politik muß unsere Religion werden«[30] usw.

Aber mit diesen Sätzen weiß Feuerbach absolut nichts anzufangen, sie bleiben pure Redensarten, und selbst Starcke muß eingestehn, daß die Politik für Feuerbach eine unpassierbare Grenze war und die

»Gesellschaftslehre, die Soziologie für ihn eine terra incognita«.

Ebenso flach erscheint er gegenüber Hegel in der Behandlung des Gegensatzes von Gut und Böse.

»Man glaubt etwas sehr Großes zu sagen – heißt es bei Hegel – wenn man sagt: Der Mensch ist von Natur gut; aber man vergißt, daß man etwas weit Größeres sagt mit den Worten: Der Mensch ist von Natur böse.«[31]

Bei Hegel ist das Böse die Form, worin die Triebkraft der geschichtlichen Entwicklung sich darstellt. Und zwar liegt hierin der doppelte Sinn, daß einerseits jeder neue Fortschritt notwendig auftritt als Frevel gegen ein Heiliges, als Rebellion gegen die alten, absterbenden, aber durch die Gewohnheit geheiligten Zustände, und andrerseits, daß seit dem Aufkommen der Klassengegensätze es grade die schlechten Leidenschaften der Menschen sind, Habgier und Herrschsucht, die zu Hebeln der geschichtlichen Entwicklung werden, wovon z. B. die Geschichte des Feudalismus und der Bourgeoisie ein einziger fortlaufender Beweis ist. Aber die historische Rolle des moralisch Bösen zu untersuchen fällt Feuerbach nicht ein. Die Geschichte ist ihm überhaupt ein ungemütliches, unheimliches Feld. Sogar sein Ausspruch:

»Der Mensch, der ursprünglich aus der Natur entsprang, war auch nur ein reines Naturwesen, kein Mensch. Der Mensch ist ein Produkt des Menschen, der Kultur, der Geschichte«[32] –

selbst dieser Ausspruch bleibt bei ihm durchaus unfruchtbar.

Was uns Feuerbach über Moral mitteilt, kann hiernach nur äußerst mager sein. Der Glückseligkeitstrieb ist dem Menschen eingeboren und muß daher die Grundlage aller Moral bilden. Aber der Glückseligkeitstrieb erfährt eine doppelte Korrektur. Erstens durch die natürlichen Folgen unsrer Handlungen: Auf den Rausch folgt der Katzenjammer, auf den gewohnheitsmäßigen Exzeß die Krankheit. Zweitens durch ihre gesellschaftlichen Folgen: Respektieren wir nicht den gleichen Glückseligkeitstrieb der andern, so wehren sie sich und stören unsern eignen Glückseligkeitstrieb. Hieraus folgt, daß wir, um unsern Trieb zu befriedigen, die Folgen unsrer Handlungen richtig abzuschätzen imstande sein und andrerseits die Gleichberechtigung des entsprechenden Triebs bei andern gelten lassen müssen. Rationelle Selbstbeschränkung in Beziehung auf uns selbst und Liebe – immer wieder Liebe! – im Verkehr mit andern sind also die Grundregeln der Feuerbachschen Moral, aus denen alle andern sich ableiten. Und weder die geistvollsten

Ausführungen Feuerbachs noch die stärksten Lobsprüche Starckes können die Dünnheit und Plattheit dieser paar Sätze verdecken.

Der Glückseligkeitstrieb befriedigt sich nur sehr ausnahmsweise und keineswegs zu seinem und andrer Leute Vorteil durch die Beschäftigung eines Menschen mit ihm selbst. Sondern er erfordert Beschäftigung mit der Außenwelt, Mittel der Befriedigung, also Nahrung, ein Individuum des andern Geschlechts, Bücher, Unterhaltung, Debatte, Tätigkeit, Gegenstände der Vernutzung und Verarbeitung. Die Feuerbachsche Moral setzt entweder voraus, daß diese Mittel und Gegenstände der Befriedigung jedem Menschen ohne weiteres gegeben sind, oder aber sie gibt ihm nur unanwendbare gute Lehren, ist also keinen Schuß Pulver wert für die Leute, denen diese Mittel fehlen. Und das erklärt Feuerbach selbst in dürren Worten:

»In einem Palast denkt man anders als in einer Hütte.«[28] »Wo du vor Hunger, vor Elend keinen Stoff im Leibe hast, da hast du auch in deinem Kopfe, in deinem Sinne und Herzen keinen Stoff zur Moral.«[29]

Steht es etwa besser mit der Gleichberechtigung des Glückseligkeitstriebs andrer? Feuerbach stellt diese Forderung absolut hin, als gültig für alle Zeiten und Umstände. Aber seit wann gilt sie? War im Altertum zwischen Sklaven und Herren, im Mittelalter zwischen Leibeignen und Baronen je die Rede von Gleichberechtigung des Glückseligkeitstriebs? Wurde nicht der Glückseligkeitstrieb der unterdrückten Klasse rücksichtslos und »von Rechts wegen« dem der herrschenden zum Opfer gebracht? – Ja, das war auch unmoralisch, jetzt aber ist die Gleichberechtigung anerkannt. – Anerkannt in der Phrase, seitdem und sintemal die Bourgeoisie in ihrem Kampf gegen die Feudalität und in der Ausbildung der kapitalistischen Produktion gezwungen war, alle ständischen, d. h. persönlichen Privilegien abzuschaffen und zuerst die privatrechtliche, dann auch allmählich die staatsrechtliche, juristische Gleichberechtigung der Person einzuführen. Aber der Glückseligkeitstrieb lebt nur zum geringsten Teil von ideellen Rechten und zum allergrößten von materiellen Mitteln, und da sorgt die kapitalistische Produktion dafür, daß der großen Mehrzahl der gleichberechtigten Personen nur das zum knappen Leben Notwendige zufällt, respektiert also die Gleichberechtigung des Glückseligkeitstriebs der Mehrzahl kaum, wenn überhaupt, besser, als die Sklaverei oder die Leibeigenschaft dies tat. Und steht es besser in betreff der geistigen Mittel der Glückseligkeit, der Bildungsmittel? Ist nicht selbst »der Schulmeister von Sadowa«[33] eine mythische Person?

Noch mehr. Nach der Feuerbachschen Moraltheorie ist die Fondsbörse der höchste Tempel der Sittlichkeit – vorausgesetzt nur, daß man stets richtig spekuliert. Wenn mein Glückseligkeitstrieb mich auf die Börse führt und ich dort die Folgen meiner Handlungen so richtig erwäge, daß sie mir nur Annehmlichkeit und keinen Nachteil bringen, d. h., daß ich stets gewinne, so ist Feuerbachs Vorschrift erfüllt. Auch greife ich dadurch nicht in den gleichen Glückseligkeitstrieb eines andern ein, denn der andre ist ebenso freiwillig an die Börse gegangen wie ich, ist beim Abschluß des Spekulationsgeschäfts mit mir ebensogut seinem Glückseligkeitstrieb gefolgt wie ich dem meinigen. Und verliert er sein Geld, so beweist sich eben dadurch seine Handlung, weil schlecht berechnet, als unsittlich, und indem ich an ihm die verdiente Strafe vollstrecke, kann ich mich sogar als moderner Rhadamanthus stolz in die Brust werfen. Auch die Liebe herrscht an der Börse, insoweit sie nicht bloß sentimentale Phrase ist, denn jeder findet im andern die Befriedigung seines Glückseligkeitstriebs, und das ist ja, was die Liebe leisten soll und worin sie praktisch sich betätigt. Und wenn ich da in richtiger Voraussicht der Folgen meiner Operationen, also mit Erfolg spiele, so erfülle ich alle die strengsten Forderungen der Feuerbachschen Moral und werde ein reicher Mann obendrein. Mit andern Worten, Feuerbachs Moral ist auf die heutige kapitalistische Gesellschaft zugeschnitten, so wenig er selbst das wollen oder ahnen mag.

Aber die Liebe! – Ja, die Liebe ist überall und immer der Zaubergott, der bei Feuerbach über alle Schwierigkeiten des praktischen Lebens hinweghelfen soll – und das in einer Gesellschaft, die in Klassen mit diametral entgegengesetzten Interessen gespalten ist. Damit ist denn der letzte Rest ihres revolutionären Charakters aus der Philosophie verschwunden, und es bleibt nur die alte Leier: Liebet euch untereinander, fallt euch in die Arme ohne Unterschied des Geschlechts und des Standes – allgemeiner Versöhnungsdusel!

Kurz und gut. Es geht der Feuerbachschen Moraltheorie wie allen ihren Vorgängerinnen. Sie ist auf alle Zeiten, alle Völker, alle Zustände zugeschnitten, und eben deswegen ist sie nie und nirgends anwendbar und bleibt der wirklichen Welt gegenüber ebenso ohnmächtig wie Kants »kategorischer Imperativ«. In Wirklichkeit hat jede Klasse, sogar jede Berufsart ihre eigne Moral und bricht auch diese, wo sie es ungestraft tun kann, und die Liebe, die alles einen soll, kommt zu Tag in Kriegen, Streitigkeiten, Prozessen, häuslichem Krakeel, Ehescheidung und möglichster Ausbeutung der einen durch die andern.

Wie aber war es möglich, daß der gewaltige, durch Feuerbach gegebene Anstoß für ihn selbst so unfruchtbar auslief? Einfach dadurch, daß Feuerbach aus dem ihm selbst tödlich verhaßten Reich der Abstraktionen den Weg nicht finden kann zur lebendigen Wirklichkeit. Er klammert sich gewaltsam an die Natur und den Menschen; aber Natur und Mensch bleiben bei ihm bloß Worte. Weder von der wirklichen Natur noch von den wirklichen Menschen weiß er uns etwas Bestimmtes zu sagen. Vom Feuerbachschen abstrakten Menschen kommt man aber nur zu den wirklichen lebendigen Menschen, wenn man sie in der Geschichte handelnd betrachtet. Und dagegen sträubte sich Feuerbach, und daher bedeutete das Jahr 1848, das er nicht begriff, für ihn nur den endgültigen Bruch mit der wirklichen Welt, den Rückzug in die Einsamkeit. Die Schuld hieran tragen wiederum hauptsächlich die deutschen Verhältnisse, die ihn elend verkommen ließen.

Aber der Schritt, den Feuerbach nicht tat, mußte dennoch getan werden; der Kultus des abstrakten Menschen, der den Kern der Feuerbachschen neuen Religion bildete, mußte ersetzt werden durch die Wissenschaft von den wirklichen Menschen und ihrer geschichtlichen Entwicklung. Diese Fortentwicklung des Feuerbachschen Standpunkts über Feuerbach hinaus wurde eröffnet 1845 durch Marx in der »Heiligen Familie«.

IV

Strauß, Bauer, Stirner, Feuerbach, das waren die Ausläufer der Hegelschen Philosophie, soweit sie den philosophischen Boden nicht verließen. Strauß hat, nach dem »Leben Jesu« und der »Dogmatik«[34] nur noch philosophische und kirchengeschichtliche Belletristik à la Renan getrieben; Bauer hat nur auf dem Gebiet der Entstehungsgeschichte des Christentums etwas geleistet, aber hier auch Bedeutendes; Stirner blieb ein Kuriosum, selbst nachdem Bakunin ihn mit Proudhon verquickt und diese Verquickung »Anarchismus« getauft hatte; Feuerbach allein war bedeutend als Philosoph. Aber nicht nur blieb die Philosophie, die angeblich über allen besondern Wissenschaften schwebende, sie zusammenfassende Wissenschaftswissenschaft, für ihn eine unüberschreitbare Schranke, ein unantastbar Heiliges; er blieb auch als Philosoph auf halbem Wege stehen, war unten Materialist, oben Idealist; er wurde mit Hegel nicht kritisch fertig, sondern warf ihn als unbrauchbar einfach beiseite, während er selbst, gegenüber dem enzyklopädischen Reichtum des Hegelschen Systems, nichts Positives fertigbrachte als eine schwülstige Liebesreligion und eine magere, ohnmächtige Moral.

Aus der Auflösung der Hegelschen Schule ging aber noch eine andere Richtung hervor, die einzige, die wirklich Früchte getragen hat, und diese Richtung knüpft sich wesentlich an den Namen Marx[1*].

[1*] Man gestatte mir hier eine persönliche Erläuterung. Man hat neuerdings mehrfach auf meinen Anteil an dieser Theorie hingewiesen, und so kann ich kaum umhin, hier die wenigen Worte zu sagen, wodurch dieser Punkt sich erledigt. Daß ich vor und während meinem vierzigjährigen Zusammenwirken mit Marx sowohl an der Begründung wie namentlich an der Ausarbeitung der Theorie einen gewissen selbständigen Anteil hatte, kann ich selbst nicht leugnen. Aber der größte Teil der leitenden Grundgedanken, besonders auf ökonomischem und geschichtlichem Gebiet, und speziell ihre schließliche scharfe Fassung, gehört

Die Trennung von der Hegelschen Philosophie erfolgte auch hier durch die Rückkehr zum materialistischen Standpunkt. Das heißt, man entschloß sich, die wirkliche Welt – Natur und Geschichte – so aufzufassen, wie sie sich selbst einem jeden gibt, der ohne vorgefaßte idealistische Schrullen an sie herantritt; man entschloß sich, jede idealistische Schrulle unbarmherzig zum Opfer zu bringen, die sich mit den in ihrem eignen Zusammenhang, und in keinem phantastischen, aufgefaßten Tatsachen nicht in Einklang bringen ließ. Und weiter heißt Materialismus überhaupt nichts. Nur daß hier zum erstenmal mit der materialistischen Weltanschauung wirklich Ernst gemacht, daß sie auf allen in Frage kommenden Gebieten des Wissens – wenigstens in den Grundzügen – konsequent durchgeführt wurde.

Hegel wurde nicht einfach abseits gelegt; man knüpfte im Gegenteil an an seine oben entwickelte revolutionäre Seite, an die dialektische Methode. Aber diese Methode war in ihrer Hegelschen Form unbrauchbar. Bei Hegel ist die Dialektik die Selbstentwicklung des Begriffs. Der absolute Begriff ist nicht nur von Ewigkeit – unbekannt wo? – vorhanden, er ist auch die eigentliche lebendige Seele der ganzen bestehenden Welt. Er entwickelt sich zu sich selbst durch alle die Vorstufen, die in der »Logik«[11] des breiteren abgehandelt und die alle in ihm eingeschlossen sind; dann »entäußert« er sich, indem er sich in die Natur verwandelt, wo er ohne Bewußtsein seiner selbst, verkleidet als Naturnotwendigkeit eine neue Entwicklung durchmacht und zuletzt im Menschen wieder zum Selbstbewußtsein kommt; dies Selbstbewußtsein arbeitet sich nun in der Geschichte wieder aus dem Rohen heraus, bis endlich der absolute Begriff wieder vollständig zu sich selbst kommt in der

Marx. Was ich beigetragen, das konnte – allenfalls ein paar Spezialfächer ausgenommen – Marx auch wohl ohne mich fertigbringen. Was Marx geleistet, hätte ich nicht fertiggebracht. Marx stand höher, sah weiter, überblickte mehr und rascher als wir andern alle. Marx war ein Genie, wir andern höchstens Talente. Ohne ihn wäre die Theorie heute bei weitem nicht das, was sie ist. Sie trägt daher auch mit Recht seinen Namen.

Hegelschen Philosophie. Bei Hegel ist also die in der Natur und Geschichte zutage tretende dialektische Entwicklung, d. h. der ursächliche Zusammenhang des, durch alle Zickzackbewegungen und momentanen Rückschritte hindurch, sich durchsetzenden Fortschreitens vom Niedern zum Höhern, nur der Abklatsch der von Ewigkeit her, man weiß nicht wo, aber jedenfalls unabhängig von jedem denkenden Menschenhirn vor sich gehenden Selbstbewegung des Begriffs. Diese ideologische Verkehrung galt es zu beseitigen. Wir faßten die Begriffe unsres Kopfs wieder materialistisch als die Abbilder der wirklichen Dinge, statt die wirklichen Dinge als Abbilder dieser oder jener Stufe des absoluten Begriffs. Damit reduzierte sich die Dialektik auf die Wissenschaft von den allgemeinen Gesetzen der Bewegung, sowohl der äußern Welt wie des menschlichen Denkens – zwei Reihen von Gesetzen, die der Sache nach identisch, dem Ausdruck nach aber insofern verschieden sind, als der menschliche Kopf sie mit Bewußtsein anwenden kann, während sie in der Natur und bis jetzt auch großenteils in der Menschengeschichte sich in unbewußter Weise, in der Form der äußern Notwendigkeit, inmitten einer endlosen Reihe scheinbarer Zufälligkeiten durchsetzen. Damit aber wurde die Begriffsdialektik selbst nur der bewußte Reflex der dialektischen Bewegung der wirklichen Welt, und damit wurde die Hegelsche Dialektik auf den Kopf, oder vielmehr vom Kopf, auf dem sie stand, wieder auf die Füße gestellt. Und diese materialistische Dialektik, die seit Jahren unser bestes Arbeitsmittel und unsere schärfste Waffe war, wurde merkwürdigerweise nicht nur von uns, sondern außerdem noch, unabhängig von uns und selbst von Hegel, wieder entdeckt von einem deutschen Arbeiter, Joseph Dietzgen[1*].

Hiermit war aber die revolutionäre Seite der Hegelschen Philosophie wieder aufgenommen und gleichzeitig von den idealistischen Verbrämungen befreit, die bei Hegel ihre konse-

[1*] S. »Das Wesen der Kopfarbeit, von einem Handarbeiter«, Hamburg, Meißner.[35]

quente Durchführung verhindert hatten. Der große Grundgedanke, daß die Welt nicht als ein Komplex von fertigen *Dingen* zu fassen ist, sondern als ein Komplex von *Prozessen*, worin die scheinbar stabilen Dinge nicht minder wie ihre Gedankenabbilder in unserm Kopf, die Begriffe, eine ununterbrochene Veränderung des Werdens und Vergehens durchmachen, in der bei aller scheinbaren Zufälligkeit und trotz aller momentanen Rückläufigkeit schließlich eine fortschreitende Entwicklung sich durchsetzt – dieser große Grundgedanke ist, namentlich seit Hegel, so sehr in das gewöhnliche Bewußtsein übergegangen, daß er in dieser Allgemeinheit wohl kaum noch Widerspruch findet. Aber ihn in der Phrase anerkennen und ihn in der Wirklichkeit im einzelnen auf jedem zur Untersuchung kommenden Gebiet durchführen, ist zweierlei. Geht man aber bei der Untersuchung stets von diesem Gesichtspunkt aus, so hört die Forderung endgültiger Lösungen und ewiger Wahrheiten ein für allemal auf; man ist sich der notwendigen Beschränktheit aller gewonnenen Erkenntnis stets bewußt, ihrer Bedingtheit durch die Umstände, unter denen sie gewonnen wurde; aber man läßt sich auch nicht mehr imponieren durch die der noch stets landläufigen alten Metaphysik unüberwindlichen Gegensätze von Wahr und Falsch, Gut und Schlecht, Identisch und Verschieden, Notwendig und Zufällig; man weiß, daß diese Gegensätze nur relative Gültigkeit haben, daß das jetzt für wahr Erkannte seine verborgene, später hervortretende falsche Seite ebensogut hat wie das jetzt als falsch Erkannte seine wahre Seite, kraft deren es früher für wahr gelten konnte; daß das behauptete Notwendige sich aus lauter Zufälligkeiten zusammensetzt und das angeblich Zufällige die Form ist, hinter der die Notwendigkeit sich birgt – und so weiter.

Die alte Untersuchungs- und Denkmethode, die Hegel die »metaphysische« nennt, die sich vorzugsweise mit Untersuchung der *Dinge* als gegebener fester Bestände beschäftigte und deren Reste noch stark in den Köpfen spuken, hatte ihrerzeit eine große geschichtliche Berechtigung. Die Dinge mußten erst untersucht werden, ehe die Prozesse untersucht werden konnten. Man mußte erst wissen, was ein beliebiges Ding war, ehe man die an ihm vorgehenden Veränderungen wahrnehmen konnte. Und so war es in der Naturwissenschaft. Die alte Metaphysik, die die Dinge als fertige hinnahm, entstand aus einer Naturwissenschaft, die die toten und lebendigen Dinge als fertige untersuchte. Als aber diese Untersuchung so weit gediehen war, daß der entscheidende Fortschritt möglich wurde, der Übergang zur systematischen Untersuchung der mit diesen Dingen in der Natur selbst vorgehenden Veränderungen, da schlug auch auf philosophischem Gebiet die Sterbestunde der alten Metaphysik. Und in der Tat, wenn die Naturwissenschaft bis Ende des letzten Jahrhunderts vorwiegend *sammelnde* Wissenschaft, Wissenschaft von fertigen Dingen war, so ist sie in unserm Jahrhundert wesentlich *ordnende* Wissenschaft, Wissenschaft von den Vorgängen, vom Ursprung und der Entwicklung dieser Dinge und vom Zusammenhang, der diese Naturvorgänge zu einem großen Ganzen verknüpft. Die Physiologie, die die Vorgänge im pflanzlichen und tierischen Organismus untersucht, die Embryologie, die die Entwicklung des einzelnen Organismus vom Keim bis zur Reife behandelt, die Geologie, die die allmähliche Bildung der Erdoberfläche verfolgt, sie alle sind Kinder unseres Jahrhunderts.

Vor allem sind es aber drei große Entdeckungen, die unsere Kenntnis vom Zusammenhang der Naturprozesse mit Riesenschritten vorangetrieben haben: Erstens die Entdeckung der Zelle als der Einheit, aus deren Vervielfältigung und Differenzierung der ganze pflanzliche und tierische Körper sich entwickelt, so daß nicht nur die Entwicklung und das Wachstum aller höheren Organismen als nach einem einzigen allgemeinen Gesetz vor sich gehend erkannt, sondern auch in der Veränderungsfähigkeit der Zelle der Weg gezeigt ist, auf dem Organismen ihre Art verändern und damit eine mehr als individuelle Entwicklung durchmachen können. – Zweitens die Verwandlung der Energie, die uns alle zunächst in der anorganischen Natur wirksamen sogenannten Kräfte, die mechanische Kraft und ihre Ergänzung, die sogenannte potentielle Energie, Wärme, Strahlung (Licht, resp. strahlende Wärme), Elektrizität, Magnetismus, chemische Energie, als verschiedene Erscheinungsformen der universellen Bewegung nachgewiesen hat, die in bestimmten Maßverhältnissen die eine in die andere übergehn, so daß für die Menge der einen, die verschwindet, eine bestimmte Menge einer andern wiedererscheint und so daß die ganze Bewegung der Natur sich auf diesen unaufhörlichen Prozeß der Verwandlung aus einer Form in die andre reduziert. – Endlich der zuerst von Darwin im Zusammenhang entwickelte Nachweis, daß der heute uns umgebende Bestand organischer Naturprodukte, die Menschen eingeschlossen, das Erzeugnis eines langen Entwicklungsprozesses aus wenigen ursprünglich einzelligen Keimen ist und diese wieder aus, auf chemischem Weg entstandenem, Protoplasma oder Eiweiß hervorgegangen sind.

Dank diesen drei großen Entdeckungen und den übrigen gewaltigen Fortschritten der Naturwissenschaft sind wir jetzt so weit, den Zusammenhang zwischen den Vorgängen in der Natur nicht nur auf den einzelnen Gebieten, sondern auch den der einzelnen Gebiete unter sich im ganzen und großen nachweisen und so ein übersichtliches Bild des Naturzusammenhangs in annähernd systematischer Form, vermittelst der durch die empirische Naturwissenschaft selbst gelieferten Tatsachen darstellen zu können. Dies Gesamtbild zu liefern war früher die Aufgabe der sogenannten Naturphilosophie. Sie konnte dies nur, indem sie die noch unbekannten wirklichen Zusammenhänge durch ideelle, phantastische ersetzte, die fehlenden Tatsachen durch Gedankenbilder ergänzte, die wirklichen Lücken in der bloßen Einbildung ausfüllte. Sie hat bei diesem Verfahren manche geniale Gedanken gehabt, manche spätern Entdeckungen vorausgeahnt, aber auch beträchtlichen Unsinn zutage gefördert, wie das nicht anders möglich war. Heute, wo man die Resultate der Naturforschung nur dialektisch, d.h. im Sinn ihres eignen Zusammenhangs aufzufassen braucht, um zu einem für unsere Zeit genügenden »System der Natur« zu kommen, wo der dialektische Charakter dieses Zusammenhangs sich sogar den metaphysisch geschulten Köpfen der Naturforscher gegen ihren Willen aufzwingt, heute ist die Naturphilosophie endgültig beseitigt. Jeder Versuch ihrer Wiederbelebung wäre nicht nur überflüssig, *er wäre ein Rückschritt.*

Was aber von der Natur gilt, die hiermit auch als ein geschichtlicher Entwicklungsprozeß erkannt ist, das gilt auch von der Geschichte der Gesellschaft in allen ihren Zweigen und von der Gesamtheit aller der Wissenschaften, die sich mit menschlichen (und göttlichen) Dingen beschäftigen. Auch hier hat die Philosophie der Geschichte, des Rechts, der Religion usw. darin bestanden, daß an die Stelle des in den Ereignissen nachzuweisenden wirklichen Zusammenhangs ein im Kopf des Philosophen gemachter gesetzt wurde, daß die Geschichte im ganzen wie in ihren einzelnen Teilstücken gefaßt wurde als die allmähliche Verwirklichung von Ideen, und zwar natürlich immer nur der Lieblingsideen des Philosophen selbst. Die Geschichte arbeitete hiernach unbewußt, aber mit Notwendigkeit, auf ein gewisses, von vornherein feststehendes ideelles Ziel los, wie z.B. bei Hegel auf die Verwirklichung seiner absoluten Idee, und die unverrückbare Richtung auf diese absolute Idee bildete den innern Zusammenhang in den geschichtlichen Ereignissen. An die Stelle des wirklichen, noch unbekannten Zusammenhangs setzte man somit eine neue – unbewußte oder allmählich zum Bewußtsein kommende – mysteriöse Vorsehung. Hier galt es also, ganz wie auf dem Gebiet der Natur, diese gemachten künstlichen Zusammenhänge zu beseitigen durch die Auffindung der wirklichen; eine Aufgabe, die schließlich darauf hinausläuft, die allgemeinen Bewegungsgesetze zu entdecken, die sich in der Geschichte der menschlichen Gesellschaft als herrschende durchsetzen.

Nun aber erweist sich die Entwicklungsgeschichte der Gesellschaft in einem Punkt als wesentlich verschiedenartig von der der Natur. In der Natur sind es – soweit wir die

Rückwirkung der Menschen auf die Natur außer acht lassen – lauter bewußtlose blinde Agenzien, die aufeinander einwirken und in deren Wechselspiel das allgemeine Gesetz zur Geltung kommt. Von allem, was geschieht – weder von den zahllosen scheinbaren Zufälligkeiten, die auf der Oberfläche sichtbar werden, noch von den schließlichen, die Gesetzmäßigkeit innerhalb dieser Zufälligkeiten bewährenden Resultaten –, geschieht nichts als gewollter bewußter Zweck. Dagegen in der Geschichte der Gesellschaft sind die Handelnden lauter mit Bewußtsein begabte, mit Überlegung oder Leidenschaft handelnde, auf bestimmte Zwecke hinarbeitende Menschen; nichts geschieht ohne bewußte Absicht, ohne gewolltes Ziel. Aber dieser Unterschied, so wichtig er für die geschichtliche Untersuchung namentlich einzelner Epochen und Begebenheiten ist, kann nichts ändern an der Tatsache, daß der Lauf der Geschichte durch innere allgemeine Gesetze beherrscht wird. Denn auch hier herrscht auf der Oberfläche, trotz der bewußt gewollten Ziele aller einzelnen, im ganzen und großen scheinbar der Zufall. Nur selten geschieht das Gewollte, in den meisten Fällen durchkreuzen und widerstreiten sich die vielen gewollten Zwecke oder sind diese Zwecke selbst von vornherein undurchführbar oder die Mittel unzureichend. So führen die Zusammenstöße der zahllosen Einzelwillen und Einzelhandlungen auf geschichtlichem Gebiet einen Zustand herbei, der ganz dem in der bewußtlosen Natur herrschenden analog ist. Die Zwecke der Handlungen sind gewollt, aber die Resultate, die wirklich aus den Handlungen folgen, sind nicht gewollte, oder soweit sie dem gewollten Zweck zunächst doch zu entsprechen scheinen, haben sie schließlich ganz andre als die gewollten Folgen. Die geschichtlichen Ereignisse erscheinen so im ganzen und großen ebenfalls als von der Zufälligkeit beherrscht. Wo aber auf der Oberfläche der Zufall sein Spiel treibt, da wird er stets durch innre verborgne Gesetze beherrscht, und es kommt nur darauf an, diese Gesetze zu entdecken.

Die Menschen machen ihre Geschichte, wie diese auch

immer ausfalle, indem jeder seine eignen, bewußt gewollten Zwecke verfolgt, und die Resultante dieser vielen in verschiedenen Richtungen agierenden Willen und ihrer mannigfachen Einwirkung auf die Außenwelt ist eben die Geschichte. Es kommt also auch darauf an, was die vielen einzelnen wollen. Der Wille wird bestimmt durch Leidenschaft oder Überlegung. Aber die Hebel, die wieder die Leidenschaft oder die Überlegung unmittelbar bestimmen, sind sehr verschiedener Art. Teils können es äußere Gegenstände sein, teils ideelle Beweggründe, Ehrgeiz, »Begeisterung für Wahrheit und Recht«, persönlicher Haß oder auch rein individuelle Schrullen aller Art. Aber einerseits haben wir gesehn, daß die in der Geschichte tätigen vielen Einzelwillen meist ganz andre als die gewollten – oft geradezu die entgegengesetzten – Resultate hervorbringen, ihre Beweggründe also ebenfalls für das Gesamtergebnis nur von untergeordneter Bedeutung sind. Andrerseits fragt es sich weiter, welche treibenden Kräfte wieder hinter diesen Beweggründen stehen, welche geschichtlichen Ursachen es sind, die sich in den Köpfen der Handelnden zu solchen Beweggründen umformen?

Diese Frage hat sich der alte Materialismus nie vorgelegt. Seine Geschichtsauffassung, soweit er überhaupt eine hat, ist daher auch wesentlich pragmatisch, beurteilt alles nach den Motiven der Handlung, teilt die geschichtlich handelnden Menschen in Edle und Unedle und findet dann in der Regel, daß die Edlen die Geprellten und die Unedlen die Sieger sind, woraus dann folgt für den alten Materialismus, daß beim Geschichtsstudium nicht viel Erbauliches herauskommt, und für uns, daß auf dem geschichtlichen Gebiet der alte Materialismus sich selbst untreu wird, weil er die dort wirksamen ideellen Triebkräfte als letzte Ursachen hinnimmt, statt zu untersuchen, was denn hinter ihnen steht, was die Triebkräfte dieser Triebkräfte sind. Nicht darin liegt die Inkonsequenz, daß *ideelle* Triebkräfte anerkannt werden, sondern darin, daß von diesen nicht weiter zurückgegangen wird auf ihre bewegenden Ursachen. Die Geschichtsphilosophie dagegen, wie sie namentlich durch Hegel vertreten wird, erkennt an, daß die ostensiblen und auch die wirklich tätigen Beweggründe der geschichtlich handelnden Menschen keineswegs die letzten Ursachen der geschichtlichen Ereignisse sind, daß hinter diesen Beweggründen andere bewegende Mächte stehn, die es zu erforschen gilt; aber sie sucht diese Mächte nicht in der Geschichte selbst auf, sie importiert sie vielmehr von außen, aus der philosophischen Ideologie, in die Geschichte hinein. Statt die Geschichte des alten Griechenlands aus ihrem eignen, innern Zusammenhang zu erklären, behauptet Hegel z. B. einfach, sie sei weiter nichts als die Herausarbeitung der »Gestaltungen der schönen Individualität«, die Realisation des »Kunstwerks«[36] als solches. Er sagt viel Schönes und Tiefes bei dieser Gelegenheit über die alten Griechen, aber das hindert nicht, daß wir uns heute nicht mehr abspeisen lassen mit einer solchen Erklärung, die eine bloße Redensart ist.

Wenn es also darauf ankommt, die treibenden Mächte zu erforschen, die – bewußt oder unbewußt, und zwar sehr häufig unbewußt – hinter den Beweggründen der geschichtlich handelnden Menschen stehn und die eigentlichen letzten Triebkräfte der Geschichte ausmachen; so kann es sich nicht so sehr um die Beweggründe bei einzelnen, wenn auch noch so hervorragenden Menschen handeln, als um diejenigen, welche große Massen, ganze Völker und in jedem Volk wieder ganze Volksklassen in Bewegung setzen; und auch dies nicht momentan zu einem vorübergehenden Aufschnellen und rasch verlodernden Strohfeuer, sondern zu dauernder, in einer großen geschichtlichen Veränderung auslaufender Aktion. Die treibenden Ursachen zu ergründen, die sich hier in den Köpfen der handelnden Massen und ihrer Führer – der sogenannten großen Männer – als bewußte Beweggründe klar oder unklar, unmittelbar oder in ideologischer, selbst in verhimmelter Form widerspiegeln – das ist der einzige Weg, der uns auf die Spur der die Geschichte im ganzen und großen wie in den einzelnen Perioden und Ländern beherrschenden Gesetze führen kann. Alles, was die Menschen in Bewegung setzt, muß durch ihren

Kopf hindurch; aber welche Gestalt es in diesem Kopf annimmt, hängt sehr von den Umständen ab. Die Arbeiter haben sich keineswegs mit dem kapitalistischen Maschinenbetrieb versöhnt, seitdem sie die Maschinen nicht mehr, wie noch 1848 am Rhein, einfach in Stücke schlagen.

Während aber in allen früheren Perioden die Erforschung dieser treibenden Ursachen der Geschichte fast unmöglich war – wegen der verwickelten und verdeckten Zusammenhänge mit ihren Wirkungen –, hat unsre gegenwärtige Periode diese Zusammenhänge so weit vereinfacht, daß das Rätsel gelöst werden konnte. Seit der Durchführung der großen Industrie, also mindestens seit dem europäischen Frieden von 1815[37], war es keinem Menschen in England ein Geheimnis mehr, daß dort der ganze politische Kampf sich drehte um die Herrschaftsansprüche zweier Klassen, der grundbesitzenden Aristokratie (landed aristocracy) und der Bourgeoisie (middle class). In Frankreich kam mit der Rückkehr der Bourbonen[38] dieselbe Tatsache zum Bewußtsein; die Geschichtsschreiber der Restaurationszeit von Thierry bis Guizot, Mignet und Thiers sprechen sie überall aus als den Schlüssel zum Verständnis der französischen Geschichte seit dem Mittelalter. Und seit 1830[39] wurde als dritter Kämpfer um die Herrschaft in beiden Ländern die Arbeiterklasse, das Proletariat, anerkannt. Die Verhältnisse hatten sich so vereinfacht, daß man die Augen absichtlich verschließen mußte, um nicht im Kampf dieser drei großen Klassen und im Widerstreit ihrer Interessen die treibende Kraft der modernen Geschichte zu sehn – wenigstens in den beiden fortgeschrittensten Ländern.

Wie aber waren diese Klassen entstanden? Konnte man auf den ersten Blick dem großen, ehemals feudalen Grundbesitz noch einen Ursprung aus – wenigstens zunächst – politischen Ursachen, aus gewaltsamer Besitzergreifung zuschreiben, so ging das bei der Bourgeoisie und dem Proletariat nicht mehr an. Hier lag der Ursprung und die Entwicklung zweier großer Klassen aus rein ökonomischen Ursachen klar und handgreiflich zutage. Und ebenso klar war es, daß in dem Kampf zwischen Grundbesitz und Bourgeoisie, nicht minder als in dem zwischen Bourgeoisie und Proletariat, es sich in erster Linie um ökonomische Interessen handelte, zu deren Durchführung die politische Macht als bloßes Mittel dienen sollte. Bourgeoisie und Proletariat waren beide entstanden infolge einer Veränderung der ökonomischen Verhältnisse, genauer gesprochen der Produktionsweise. Der Übergang zuerst vom zünftigen Handwerk zur Manufaktur, dann von der Manufaktur zur großen Industrie mit Dampf- und Maschinenbetrieb, hatte diese beiden Klassen entwickelt. Auf einer gewissen Stufe wurden die von der Bourgeoisie in Bewegung gesetzten neuen Produktionskräfte – zunächst die Teilung der Arbeit und die Vereinigung vieler Teilarbeiter in einer Gesamtmanufaktur – und die durch sie entwickelten Austauschbedingungen und Austauschbedürfnisse unverträglich mit der bestehenden, geschichtlich überlieferten und durch Gesetz geheiligten Produktionsordnung, d. h. den zünftigen und den zahllosen andern persönlichen und lokalen Privilegien (die für die nichtprivilegierten Stände ebenso viele Fesseln waren) der feudalen Gesellschaftsverfassung. Die Produktionskräfte, vertreten durch die Bourgeoisie, rebellierten gegen die Produktionsordnung, vertreten durch die feudalen Grundbesitzer und die Zunftmeister; das Ergebnis ist bekannt, die feudalen Fesseln wurden zerschlagen, in England allmählich, in Frankreich mit einem Schlag, in Deutschland ist man noch nicht damit fertig. Wie aber die Manufaktur auf einer bestimmten Entwicklungsstufe in Konflikt kam mit der feudalen, so ist jetzt schon die große Industrie in Konflikt geraten mit der an ihre Stelle gesetzten bürgerlichen Produktionsordnung. Gebunden durch diese Ordnung, durch die engen Schranken der kapitalistischen Produktionsweise, produziert sie einerseits eine sich immer steigernde Proletarisierung der gesamten großen Volksmasse, andrerseits eine immer größere Masse unabsetzbarer Produkte. Überproduktion und Massenelend, jedes die Ursache des andern, das ist der absurde Widerspruch, worin sie ausläuft und der eine Entfesselung der Produktivkräfte durch Änderung der Produktionsweise mit Notwendigkeit fordert.

In der modernen Geschichte wenigstens ist also bewiesen, daß alle politischen Kämpfe Klassenkämpfe und alle Emanzipationskämpfe von Klassen, trotz ihrer notwendig politischen Form – denn jeder Klassenkampf ist ein politischer Kampf – sich schließlich um *ökonomische* Emanzipation drehen. Hier wenigstens ist also der Staat, die politische Ordnung, das Untergeordnete, die bürgerliche Gesellschaft, das Reich der ökonomischen Beziehungen, das entscheidende Element. Die althergebrachte Anschauung, der auch Hegel huldigt, sah im Staat das bestimmende, in der bürgerlichen Gesellschaft das durch ihn bestimmte Element. Der Schein entspricht dem. Wie beim einzelnen Menschen alle Triebkräfte seiner Handlungen durch seinen Kopf hindurchgehn, sich in Beweggründe seines Willens verwandeln müssen, um ihn zum Handeln zu bringen, so müssen auch alle Bedürfnisse der bürgerlichen Gesellschaft – gleichviel, welche Klasse grade herrscht – durch den Staatswillen hindurchgehn, um allgemeine Geltung in Form von Gesetzen zu erhalten. Das ist die formelle Seite der Sache, die sich von selbst versteht; es fragt sich nur, welchen Inhalt dieser nur formelle Wille – des einzelnen wie des Staats – hat und woher dieser Inhalt kommt, warum grade dies und nichts andres gewollt wird. Und wenn wir hiernach fragen, so finden wir, daß in der modernen Geschichte der Staatswille im ganzen und großen bestimmt wird durch die wechselnden Bedürfnisse der bürgerlichen Gesellschaft, durch die Übermacht dieser oder jener Klasse, in letzter Instanz durch die Entwicklung der Produktivkräfte und der Austauschverhältnisse.

Wenn aber schon in unsrer modernen Zeit mit ihren riesigen Produktions- und Verkehrsmitteln der Staat nicht ein selbständiges Gebiet mit selbständiger Entwicklung ist, sondern sein Bestand wie seine Entwicklung in letzter Instanz zu erklären ist aus den ökonomischen Lebensbedingungen der Gesellschaft, so muß dies noch viel mehr gelten für alle früheren Zeiten, wo die Produktion des materiellen Lebens der Menschen noch nicht mit diesen reichen Hülfsmitteln betrieben wurde, wo also die Notwendigkeit dieser Produktion eine noch größere Herrschaft über die Menschen ausüben mußte. Ist der Staat noch heute, zur Zeit der großen Industrie und der Eisenbahnen, im ganzen und großen nur der Reflex, in zusammenfassender Form, der ökonomischen Bedürfnisse der die Produktion beherrschenden Klasse, so muß er dies noch viel mehr sein zu einer Epoche, wo eine Menschengeneration einen weit größeren Teil ihrer Gesamtlebenszeit auf die Befriedigung ihrer materiellen Bedürfnisse verwenden mußte, also weit abhängiger von ihnen war, als wir heute sind. Die Untersuchung der Geschichte früherer Epochen, sobald sie ernstlich auf diese Seite eingeht, bestätigt dies im reichlichsten Maße; hier kann dies aber selbstredend nicht verhandelt werden.

Wird der Staat und das Staatsrecht durch die ökonomischen Verhältnisse bestimmt, so selbstverständlich auch das Privatrecht, das ja wesentlich nur die bestehenden, unter den gegebnen Umständen normalen ökonomischen Beziehungen zwischen den einzelnen sanktioniert. Die Form, in der dies geschieht, kann aber sehr verschieden sein. Man kann, wie [es] in England im Einklang mit der ganzen nationalen Entwicklung geschah, die Formen des alten feudalen Rechts großenteils beibehalten und ihnen einen bürgerlichen Inhalt geben, ja, dem feudalen Namen direkt einen bürgerlichen Sinn unterschieben; man kann aber auch, wie im kontinentalen Westeuropa, das erste Weltrecht einer Waren produzierenden Gesellschaft, das römische, mit seiner unübertrefflich scharfen Ausarbeitung aller wesentlichen Rechtsbeziehungen einfacher Warenbesitzer (Käufer und Verkäufer, Gläubiger und Schuldner, Vertrag, Obligation usw.) zugrunde legen. Wobei man es zu Nutz und Frommen einer noch kleinbürgerlichen und halbfeudalen Gesellschaft entweder einfach durch die gerichtliche Praxis auf den Stand dieser Gesellschaft herunterbringen kann (gemeines Recht) oder aber mit Hülfe angeblich aufgeklärter, moralisierender Juristen es in ein, diesem gesellschaftlichen Stand entsprechendes, apartes Gesetzbuch verarbeiten kann, welches unter diesen Umständen auch juristisch schlecht sein wird (preußisches Landrecht); wobei man aber auch, nach einer großen bürgerlichen Revolution, auf Grundlage ebendieses römischen Rechtes, ein so klassisches Gesetzbuch der Bourgeoisgesellschaft herausarbeiten kann wie der französische Code civil. Wenn also die bürgerlichen Rechtsbestimmungen nur die ökonomischen Lebensbedingungen der Gesellschaft in Rechtsform ausdrücken, so kann dies je nach Umständen gut oder schlecht geschehen.

Im Staate stellt sich uns die erste ideologische Macht über den Menschen dar. Die Gesellschaft schafft sich ein Organ zur Wahrung ihrer gemeinsamen Interessen gegenüber inneren und äußeren Angriffen. Dies Organ ist die Staatsgewalt. Kaum entstanden, verselbständigt sich dies Organ gegenüber der Gesellschaft, und zwar um so mehr, je mehr es Organ einer bestimmten Klasse wird, die Herrschaft dieser Klasse direkt zur Geltung bringt. Der Kampf der unterdrückten gegen die herrschende Klasse wird notwendig ein politischer, ein Kampf zunächst gegen die politische Herrschaft dieser Klasse; das Bewußtsein des Zusammenhangs dieses politischen Kampfes mit seiner ökonomischen Unterlage wird dumpfer und kann ganz verlorengehen. Wo dies auch nicht bei den Beteiligten vollständig der Fall ist, geschieht es fast immer bei den Geschichtschreibern. Von den alten Quellen über die Kämpfe innerhalb der römischen Republik sagt uns nur Appian klar und deutlich, um was es sich schließlich handelte – nämlich um das Grundeigentum.

Der Staat aber, einmal eine selbständige Macht geworden gegenüber der Gesellschaft, erzeugt alsbald eine weitere Ideologie. Bei den Politikern von Profession, bei den Theoretikern des Staatsrechts und den Juristen des Privatrechts nämlich geht der Zusammenhang mit den ökonomischen Tatsachen erst recht verloren. Weil in jedem einzelnen Falle die ökonomischen Tatsachen die Form juristischer Motive annehmen müssen, um in Gesetzesform sanktioniert zu werden, und weil dabei auch selbstverständlich Rücksicht zu nehmen ist auf das ganze schon geltende Rechtssystem, deswegen soll nun die juristische Form alles sein und der ökonomische Inhalt nichts. Staatsrecht und Privatrecht werden als selbständige Gebiete behandelt, die ihre unabhängige geschichtliche Entwicklung haben, die in sich selbst einer systematischen Darstellung fähig sind und ihrer bedürfen durch konsequente Ausrottung aller inneren Widersprüche.

Noch höhere, d. h. noch mehr von der materiellen, ökonomischen Grundlage sich entfernende Ideologien nehmen die Form der Philosophie und der Religion an. Hier wird der Zusammenhang der Vorstellungen mit ihren materiellen Daseinsbedingungen immer verwickelter, immer mehr durch Zwischenglieder verdunkelt. Aber er existiert. Wie die ganze Renaissancezeit, seit Mitte des fünfzehnten Jahrhunderts, ein wesentliches Produkt der Städte, also des Bürgertums war, so auch die seitdem neuerwachte Philosophie; ihr Inhalt war wesentlich nur der philosophische Ausdruck der der Entwicklung des Klein- und Mittelbürgertums zur großen Bourgeoisie entsprechenden Gedanken. Bei den Engländern und Franzosen des vorigen Jahrhunderts, die vielfach ebensowohl politische Ökonomen wie Philosophen waren, tritt dies klar hervor, und bei der Hegelschen Schule haben wir es oben nachgewiesen.

Gehn wir indes nur noch kurz auf die Religion ein, weil diese dem materiellen Leben am fernsten steht und am fremdesten zu sein scheint. Die Religion ist entstanden zu einer sehr waldursprünglichen Zeit aus mißverständlichen, waldursprünglichen Vorstellungen der Menschen über ihre eigne und die sie umgebende äußere Natur. Jede Ideologie entwickelt sich aber, sobald sie einmal vorhanden, im Anschluß an den gegebnen Vorstellungsstoff, bildet ihn weiter aus; sie wäre sonst keine Ideologie, d. h. Beschäftigung mit Gedanken als mit selbständigen, sich unabhängig entwickelnden, nur ihren eignen Gesetzen unterworfnen Wesenheiten. Daß die materiellen Lebensbedingungen der Menschen, in deren Köpfen dieser Gedankenprozeß vor sich geht, den Verlauf dieses Prozesses schließlich bestimmen, bleibt diesen Menschen notwendig unbewußt, denn sonst wäre es mit der ganzen Ideologie am Ende. Diese ursprünglichen religiösen Vorstellungen also, die meist für jede verwandte Völkergruppe gemeinsam sind, entwickeln sich, nach der Trennung der Gruppe, bei jedem Volk eigentümlich, je nach den ihm beschiednen Lebensbedingungen, und dieser Prozeß ist für eine Reihe von Völkergruppen, namentlich für die arische (sog. indoeuropäische) im einzelnen nachgewiesen durch die vergleichende Mythologie. Die so bei jedem Volk herausgearbeiteten Götter waren Nationalgötter, deren Reich nicht weiter ging als das von ihnen zu schützende nationale Gebiet, jenseits dessen Grenzen andre Götter unbestritten das große Wort führten. Sie konnten nur in der Vorstellung fortleben, solange die Nation bestand; sie fielen mit deren Untergang. Diesen Untergang der alten Nationalitäten brachte das römische Weltreich, dessen ökonomische Entstehungsbedingungen wir hier nicht zu untersuchen haben. Die alten Nationalgötter kamen in Verfall, selbst die römischen, die eben auch nur auf den engen Kreis der Stadt Rom zugeschnitten waren; das Bedürfnis, das Weltreich zu ergänzen durch eine Weltreligion, tritt klar hervor in den Versuchen, allen irgendwie respektablen fremden Göttern neben den einheimischen in Rom Anerkennung und Altäre zu schaffen. Aber eine neue Weltreligion macht sich nicht in dieser Art durch kaiserliche Dekrete. Die neue Weltreligion, das Christentum, war im stillen bereits entstanden aus einer Mischung verallgemeinerter orientalischer, namentlich jüdischer Theologie und vulgarisierter griechischer, namentlich stoischer Philosophie. Wie es ursprünglich aussah, müssen wir erst wieder mühsam erforschen, da seine uns überlieferte offizielle Gestalt nur diejenige ist, in der es Staatsreligion und diesem Zweck durch das Nicänische Konzil[40] angepaßt wurde. Genug, die Tatsache, daß es schon nach 250 Jahren Staatsreligion wurde, beweist, daß es die den Zeitumständen entsprechende Religion war. Im Mittelalter bildete es sich genau im Maß, wie der Feudalismus sich entwickelte, zu der diesem entsprechenden Religion aus, mit entsprechender feudaler Hierarchie. Und als das Bürgertum aufkam, entwickelte sich im Gegensatz zum feudalen Katholizismus die protestantische Ketzerei, zuerst in Südfrankreich bei den Albigensern[41], zur Zeit der höchsten Blüte der dortigen Städte. Das Mittelalter hatte alle übrigen Formen der Ideologie: Philosophie, Politik, Jurisprudenz, an die Theologie annektiert, zu Unterabteilungen der Theologie gemacht. Es zwang damit jede gesellschaftliche und politische Bewegung, eine theologische Form anzunehmen; den ausschließlich mit Religion gefütterten Gemütern der Massen mußten ihre eignen Interessen in religiöser Verkleidung vorgeführt werden, um einen großen Sturm zu erzeugen. Und wie das Bürgertum von Anfang an einen Anhang von besitzlosen, keinem anerkannten Stand angehörigen städtischen Plebejern, Tagelöhnern und Dienstleuten aller Art erzeugte, Vorläufern des spätern Proletariats, so teilt sich auch die Ketzerei schon früh in eine bürgerlich-gemäßigte und eine plebejisch-revolutionäre, auch von den bürgerlichen Ketzern verabscheute.

Die Unvertilgbarkeit der protestantischen Ketzerei entsprach der Unbesiegbarkeit des aufkommenden Bürgertums; als dies Bürgertum hinreichend erstarkt war, begann sein bisher vorwiegend lokaler Kampf mit dem Feudaladel nationale Dimensionen anzunehmen. Die erste große Aktion fand in Deutschland statt – die sogenannte Reformation. Das Bürgertum war weder stark noch entwickelt genug, um die übrigen rebellischen Stände – die Plebejer der Städte, den niederen Adel und die Bauern auf dem Lande – unter seiner Fahne vereinigen zu können. Der Adel wurde zuerst geschlagen; die Bauern erhoben sich zu einem Aufstand, der den Gipfelpunkt dieser ganzen revolutionären Bewegung bildet; die Städte ließen sie im Stich, und so erlag die Revolution den Heeren der Landesfürsten, die den ganzen Gewinn einstrichen. Von da an verschwindet Deutschland auf drei Jahrhunderte aus der Reihe der selbständig in die Geschichte eingreifenden Länder. Aber neben dem Deutschen Luther hatte der Franzose Calvin gestanden; mit echt französischer Schärfe stellte er den bürgerlichen Charakter der Reformation in den Vordergrund, republikanisierte und demokratisierte die Kirche. Während die lutherische Reformation in Deutschland versumpfte und Deutschland zugrunde richtete, diente die calvinische den Republikanern in Genf, in Holland, in Schottland als Fahne, machte Holland von Spanien und vom deutschen Reiche frei und lieferte das ideologische Kostüm zum zweiten Akt der bürgerlichen Revolution, der in England vor sich ging. Hier bewährte sich der Calvinismus als die echte religiöse Verkleidung der Interessen des damaligen Bürgertums und kam deshalb auch nicht zu voller Anerkennung, als die Revolution 1689[42] durch einen Kompromiß eines Teils des Adels mit den Bürgern vollendet wurde. Die englische Staatskirche wurde wiederhergestellt, aber nicht in ihrer früheren Gestalt, als Katholizismus mit dem König zum Papst, sondern stark calvinisiert. Die alte Staatskirche hatte den lustigen katholischen Sonntag gefeiert und den langweiligen calvinistischen bekämpft, die neue verbürgerte führte diesen ein, und er verschönert England noch jetzt.

In Frankreich wurde die calvinistische Minorität 1685 unterdrückt, katholisiert oder weggejagt[43]; aber was half's? Schon damals war der Freigeist Pierre Bayle mitten in der Arbeit, und 1694 wurde Voltaire geboren. Die Gewaltmaßregel Ludwigs XIV. erleichterte nur dem französischen Bürgertum, daß es seine Revolution in der der entwickelten Bourgeoisie allein angemessenen irreligiösen, ausschließlich politischen Form machen konnte. Statt Protestanten saßen Freigeister in den Nationalversammlungen. Dadurch war das Christentum in sein letztes Stadium getreten. Es war unfähig geworden, irgendeiner progressiven Klasse fernerhin als ideologische Verkleidung ihrer Strebungen zu dienen; es wurde mehr und mehr Alleinbesitz der herrschenden Klassen, und diese wenden es an als bloßes Regierungsmittel, womit die untern Klassen in Schranken gehalten werden. Wobei dann jede der verschiedenen Klassen ihre eigne entsprechende Religion benutzt: die grundbesitzenden Junker die katholische Jesuiterei oder protestantische Orthodoxie, die liberalen und radikalen Bourgeois den Rationalismus; und wobei es keinen Unterschied macht, ob die Herren an ihre respektiven Religionen selbst glauben oder auch nicht.

Wir sehn also: Die Religion, einmal gebildet, enthält stets einen überlieferten Stoff, wie denn auf allen ideologischen Gebieten die Tradition eine große konservative Macht ist. Aber die Veränderungen, die mit diesem Stoff vorgehn, entspringen aus den Klassenverhältnissen, also aus den ökonomischen Verhältnissen der Menschen, die diese Veränderungen vornehmen. Und das ist hier hinreichend. –

Es kann sich im Vorstehenden nur um einen allgemeinen Umriß der Marxschen Geschichtsauffassung handeln, höchstens noch um einige Illustrationen. Der Beweis ist an der Geschichte selbst zu liefern, und da darf ich wohl sagen, daß er in andern Schriften bereits hinreichend geliefert ist. Diese Auffassung macht aber der Philosophie auf dem Gebiet der Geschichte ebenso ein Ende, wie die dialektische Auffassung der Natur alle Naturphilosophie ebenso unnötig wie unmöglich macht. Es kommt überall nicht mehr darauf an, Zusammenhänge im Kopf auszudenken, sondern sie in den Tatsachen zu entdecken. Für die aus Natur und Geschichte vertriebne Philosophie bleibt dann nur noch das Reich des reinen Gedankens, soweit es noch übrig: die Lehre von den Gesetzen des Denkprozesses selbst, die Logik und Dialektik.

Mit der Revolution von 1848 erteilte das »gebildete« Deutschland der Theorie den Absagebrief und ging über auf den Boden der Praxis. Das auf der Handarbeit beruhende Kleingewerbe und die Manufaktur wurden ersetzt durch eine wirkliche große Industrie; Deutschland erschien wieder auf dem Weltmarkt; das neue kleindeutsche Reich beseitigte wenigstens die schreiendsten Mißstände, die die Kleinstaaterei, die Reste des Feudalismus und die bürokratische Wirtschaft dieser Entwicklung in den Weg gelegt hatten. Aber in demselben Maß, wie die Spekulation aus der philosophischen Studierstube auszog, um ihren Tempel zu errichten auf der Fondsbörse, in demselben

Maß ging auch dem gebildeten Deutschland jener große theoretische Sinn verloren, der der Ruhm Deutschlands während der Zeit seiner tiefsten politischen Erniedrigung gewesen war – der Sinn für rein wissenschaftliche Forschung, gleichviel, ob das erreichte Resultat praktisch verwertbar war oder nicht, polizeiwidrig oder nicht. Zwar hielt sich die deutsche offizielle Naturwissenschaft, namentlich auf dem Gebiet der Einzelforschung, auf der Höhe der Zeit, aber schon das amerikanische Journal »Science« bemerkt mit Recht, daß die entscheidenden Fortschritte auf dem Gebiet der großen Zusammenhänge zwischen den Einzeltatsachen, ihre Verallgemeinerung zu Gesetzen, jetzt weit mehr in England gemacht werden statt wie früher in Deutschland. Und auf dem Gebiet der historischen Wissenschaften, die Philosophie eingeschlossen, ist mit der klassischen Philosophie der alte theoretisch-rücksichtslose Geist erst recht verschwunden; gedankenloser Eklektizismus, ängstliche Rücksicht auf Karriere und Einkommen bis herab zum ordinärsten Strebertum sind an seine Stelle getreten. Die offiziellen Vertreter dieser Wissenschaft sind die unverhüllten Ideologen der Bourgeoisie und des bestehenden Staats geworden – aber zu einer Zeit, wo beide im offnen Gegensatz stehn zur Arbeiterklasse.

Und nur bei der Arbeiterklasse besteht der deutsche theoretische Sinn unverkümmert fort. Hier ist er nicht auszurotten; hier finden keine Rücksichten statt auf Karriere, auf Profitmacherei, auf gnädige Protektion von oben; im Gegenteil, je rücksichtsloser und unbefangener die Wissenschaft vorgeht, desto mehr befindet sie sich im Einklang mit den Interessen und Strebungen der Arbeiter. Die neue Richtung, die in der Entwicklungsgeschichte der Arbeit den Schlüssel erkannte zum Verständnis der gesamten Geschichte der Gesellschaft, wandte sich von vornherein vorzugsweise an die Arbeiterklasse und fand hier die Empfänglichkeit, die sie bei der offiziellen Wissenschaft weder suchte noch erwartete. Die deutsche Arbeiterbewegung ist die Erbin der deutschen klassischen Philosophie.

Anhang

1. Karl Marx: [Thesen über Feuerbach.]
   Geschrieben im Frühjahr 1845.
   Erstmalig veröffentlicht in: Friedrich Engels: Ludwig Feuerbach und der Ausgang der klassischen deutschen Philosophie, Stuttgart 1888, S. 69–72.
   Nach: MEW, Bd. 3, S. 533–535.
   Dem Text liegt die von Engels redigierte Fassung von 1888 zugrunde.

2. Friedrich Engels: Ausgelassenes aus »Feuerbach«.
   Geschrieben im ersten Vierteljahr 1886.
   Erstmalig veröffentlicht in: Friedrich Engels: Naturdialektik. In: Архив К. Маркса и Ф. Энгельса, книга II, Москва – Ленинград 1925, стр. 376–381.
   Nach: MEW, Bd. 20, S. 466–470.
   Dem Text liegt die Handschrift zugrunde.

1
Karl Marx
[Thesen über Feuerbach][5]

1

Der Hauptmangel alles bisherigen Materialismus – den Feuerbachschen mit eingerechnet – ist, daß der Gegenstand, die Wirklichkeit, Sinnlichkeit, nur unter der Form des *Objekts* oder der *Anschauung* gefaßt wird; nicht aber als *menschliche sinnliche Tätigkeit, Praxis,* nicht subjektiv. Daher geschah es, daß die *tätige* Seite, im Gegensatz zum Materialismus, vom Idealismus entwickelt wurde – aber nur abstrakt, da der Idealismus natürlich die wirkliche, sinnliche Tätigkeit als solche nicht kennt. Feuerbach will sinnliche, von den Gedankenobjekten wirklich unterschiedene Objekte; aber er faßt die menschliche Tätigkeit selbst nicht als *gegenständliche* Tätigkeit. Er betrachtet daher im »Wesen des Christenthums« nur das theoretische Verhalten als das echt menschliche, während die Praxis nur in ihrer schmutzig-jüdischen Erscheinungsform gefaßt und fixiert wird. Er begreift daher nicht die Bedeutung der »revolutionären«, der »praktisch-kritischen« Tätigkeit.

2

Die Frage, ob dem menschlichen Denken gegenständliche Wahrheit zukomme, ist keine Frage der Theorie, sondern eine *praktische* Frage. In der Praxis muß der Mensch die Wahrheit, d.h. die Wirklichkeit und Macht, die Diesseitigkeit seines Denkens beweisen. Der Streit über die Wirklichkeit oder Nichtwirklichkeit eines Denkens, das sich von der Praxis isoliert, ist eine rein *scholastische* Frage.

3

Die materialistische Lehre, daß die Menschen Produkte der Umstände und der Erziehung, veränderte Menschen also Produkte anderer Umstände und geänderter Erziehung sind, vergißt, daß die Umstände eben von den Menschen verändert werden und daß der Erzieher selbst erzogen werden muß. Sie kommt daher mit Notwendigkeit dahin, die Gesellschaft in zwei Teile zu sondern, von denen der eine über der Gesellschaft erhaben ist. (Z. B. bei Robert Owen.)

Das Zusammenfallen des Änderns der Umstände und der menschlichen Tätigkeit kann nur als *umwälzende Praxis* gefaßt und rationell verstanden werden.

4

Feuerbach geht aus von dem Faktum der religiösen Selbstentfremdung, der Verdopplung der Welt in eine religiöse, vorgestellte und eine wirkliche Welt. Seine Arbeit besteht darin, die religiöse Welt in ihre weltliche Grundlage aufzulösen. Er übersieht, daß nach Vollbringung dieser Arbeit die Hauptsache noch zu tun bleibt. Die Tatsache nämlich, daß die weltliche Grundlage sich von sich selbst abhebt und sich, ein selbständiges Reich, in den Wolken fixiert, ist eben nur aus der Selbstzerrissenheit und dem Sich-selbst-Widersprechen dieser weltlichen Grundlage zu erklären. Diese selbst muß also erstens in ihrem Widerspruch verstanden und sodann durch Beseitigung des Widerspruchs praktisch revolutioniert werden. Also z. B., nachdem die irdische Familie als das Geheimnis der heiligen Familie entdeckt ist, muß nun erstere selbst theoretisch kritisiert und praktisch umgewälzt werden.

5

Feuerbach, mit dem *abstrakten Denken* nicht zufrieden, appelliert an die *sinnliche Anschauung;* aber er faßt die Sinnlichkeit nicht als *praktische* menschlich-sinnliche Tätigkeit.

6

Feuerbach löst das religiöse Wesen in das *menschliche* Wesen auf. Aber das menschliche Wesen ist kein dem einzelnen Individuum innewohnendes Abstraktum. In seiner Wirk-

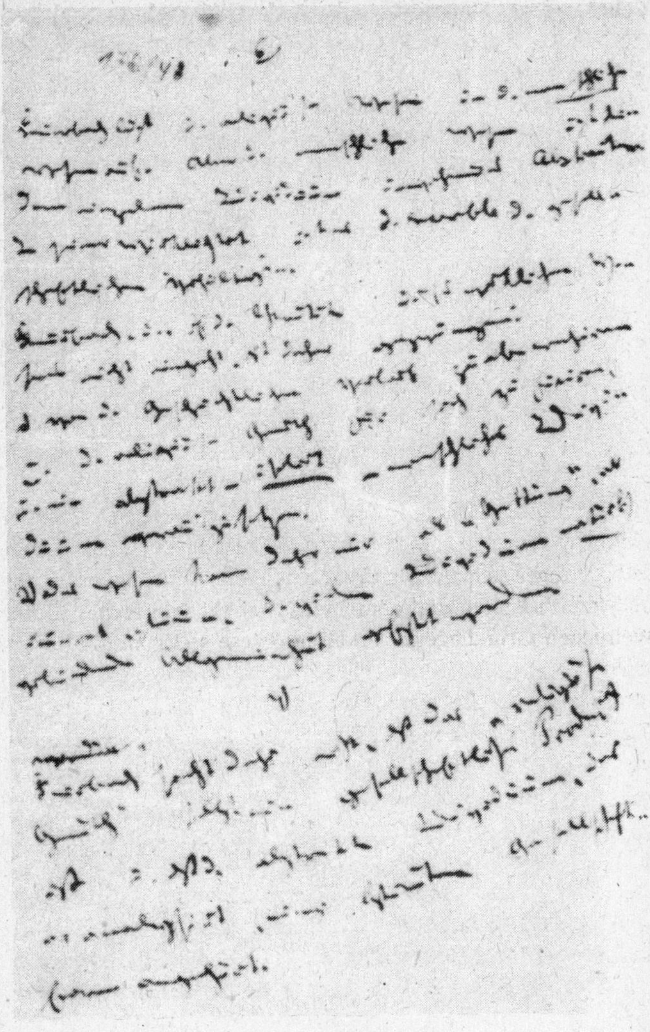

Eine Seite aus Marx' Notizbuch von 1844/1845
mit der 6. und 7. These über Feuerbach

lichkeit ist es das Ensemble der gesellschaftlichen Verhältnisse.

Feuerbach, der auf die Kritik dieses wirklichen Wesens nicht eingeht, ist daher gezwungen:

1. von dem geschichtlichen Verlauf zu abstrahieren und das religiöse Gemüt für sich zu fixieren und ein abstrakt – *isoliert* – menschliches Individuum vorauszusetzen;
2. kann bei ihm daher das menschliche Wesen nur als *»Gattung«*, als innere, stumme, die vielen Individuen bloß *natürlich* verbindende Allgemeinheit gefaßt werden.

7

Feuerbach sieht daher nicht, daß das »religiöse Gemüt« selbst ein *gesellschaftliches Produkt* ist und daß das abstrakte Individuum, das er analysiert, in Wirklichkeit einer bestimmten Gesellschaftsform angehört.

8

Das gesellschaftliche Leben ist wesentlich *praktisch.* Alle Mysterien, welche die Theorie zum Mystizismus verleiten, finden ihre rationelle Lösung in der menschlichen Praxis und im Begreifen dieser Praxis.

9

Das Höchste, wozu der *anschauende* Materialismus es bringt, d. h. der Materialismus, der die Sinnlichkeit nicht als praktische Tätigkeit begreift, ist die Anschauung der einzelnen Individuen in der »bürgerlichen Gesellschaft«.

10

Der Standpunkt des alten Materialismus ist die *»bürgerliche«* Gesellschaft; der Standpunkt des neuen die *menschliche* Gesellschaft, oder die vergesellschaftete Menschheit.

11

Die Philosophen haben die Welt nur verschieden *interpretiert;* es kommt aber darauf an, sie zu *verändern.*

2
Friedrich Engels
Ausgelassenes aus »Feuerbach«[44]

[Die vulgarisierenden Hausierer, die in den fünfziger Jahren in Deutschland in Materialismus machten, kamen in keiner Weise über diese Schranken ihrer Lehrer hinaus. Alle seitdem gemachten Fortschritte der Naturwissenschaft dienten ihnen nur] als neue Argumente gegen den Glauben an den Weltschöpfer; und in der Tat lag es ganz außerhalb ihres Geschäfts, die Theorie weiterzuentwickeln. Der Idealismus war durch 1848 schwer getroffen, aber der Materialismus in dieser seiner erneuten Gestalt war noch tiefer heruntergekommen. Daß Feuerbach die Verantwortlichkeit für *diesen* Materialismus ablehnte, darin hatte er entschieden recht; nur durfte er die Lehre der Reiseprediger nicht mit dem Materialismus überhaupt zusammenwerfen.

Um dieselbe Zeit aber nahm die empirische Naturwissenschaft einen solchen Aufschwung und erreichte so glänzende Resultate, daß dadurch nicht nur eine vollständige Überwindung der mechanischen Einseitigkeit des 18. Jahrhunderts möglich wurde, sondern auch die Naturwissenschaft selbst durch den Nachweis der in der Natur selbst vorhandenen Zusammenhänge der verschiednen Untersuchungsgebiete (der Mechanik, Physik, Chemie, Biologie etc.) aus einer empirischen in eine theoretische Wissenschaft und bei der Zusammenfassung des Gewonnenen in ein System der materialistischen Naturerkenntnis sich verwandelte. Die Mechanik der Gase; die neugeschaffene organische Chemie, die einer sogenannten organischen Verbindung nach der andern den letzten Rest der Unbegreiflichkeit abstreifte, indem sie sie aus anorganischen Stoffen herstellte; die von 1818 datierende wissenschaftliche Embryologie; die Geologie und Paläontologie; die vergleichende Anatomie der Pflanzen und Tiere – sie alle lieferten neuen Stoff in bisher unerhörtem Maß. Von entscheidender Wichtigkeit aber waren drei große Entdekkungen.

Die erste war der von der Entdeckung des mechanischen Äquivalents der Wärme (durch Robert Mayer, Joule und Colding) sich herleitende Nachweis der Verwandlung der Energie. Alle die zahllosen wirkenden Ursachen in der Natur, die bisher als sogenannte Kräfte ein geheimnisvolles, unerklärtes Dasein führten – mechanische Kraft, Wärme, Strahlung (Licht und strahlende Wärme), Elektrizität, Magnetismus, chemische Kraft der Verbindung und Trennung –, sind jetzt nachgewiesen als besondre Formen, Daseinsweisen einer und derselben Energie, d.h. Bewegung; wir können nicht nur ihre in der Natur stets vorgehende Verwandlung aus einer Form in die andre nachweisen, sondern sie selbst im Laboratorium und in der Industrie vollführen, und zwar so, daß einer gegebnen Menge von Energie in der einen Form stets eine bestimmte Menge von Energie in dieser oder jener andern Form entspricht. Wir können so die Wärmeeinheit in Kilogramm-Metern und die Einheiten oder beliebigen Mengen von elektrischer oder chemischer Energie wieder in Wärmeeinheiten ausdrücken und umgekehrt; wir können ebenso den Energieverbrauch und die Energiezufuhr eines lebendigen Organismus messen und in einer beliebigen Einheit, z.B. in Wärmeeinheiten, ausdrücken. Die Einheit aller Bewegung in der Natur ist nicht mehr eine philosophische Behauptung, sondern eine naturwissenschaftliche Tatsache.

Die zweite – der Zeit nach frühere – ist die Entdeckung der organischen Zelle durch Schwann und Schleiden, der Zelle als der Einheit, aus deren Vervielfältigung und Differenzierung alle Organismen mit Ausnahme der niedrigsten entstehen und herauswachsen. Erst mit dieser Entdeckung erhielt die Untersuchung der organischen, lebendigen Naturprodukte – sowohl die vergleichende Anatomie und Physiologie wie die Embryologie – einen festen Boden. Der Entstehung, dem

Wachstum und der Struktur der Organismen war das Geheimnis abgestreift; das bisher unbegreifliche Wunder hatte sich aufgelöst in einen nach einem für alle vielzelligen Organismen wesentlich identischen Gesetz sich vollziehenden Prozeß.

Aber noch blieb eine wesentliche Lücke. Wenn alle vielzelligen Organismen – Pflanzen wie Tiere mit Einschluß des Menschen – aus je einer Zelle nach dem Gesetz der Zellspaltung herauswachsen, woher dann die unendliche Verschiedenheit dieser Organismen? Diese Frage wurde beantwortet durch die dritte große Entdeckung, die Entwicklungstheorie, die zuerst von Darwin im Zusammenhang dargestellt und begründet wurde. So manche Umwandlungen diese Theorie auch noch im einzelnen durchmachen wird, so löst sie im ganzen und großen schon jetzt das Problem in mehr als genügender Weise. Die Entwicklungsreihe der Organismen von wenigen einfachen zu stets mannigfacheren und komplizierteren, wie wir sie heute vor uns sehn, und bis zum Menschen herauf, ist in den großen Grundzügen nachgewiesen; es ist damit nicht nur die Erklärung ermöglicht für den vorgefundnen Bestand an organischen Naturprodukten, sondern auch die Grundlage gegeben für die Vorgeschichte des Menschengeistes, für die Verfolgung seiner verschiednen Entwicklungsstufen vom einfachen strukturlosen, aber Reize empfindenden Protoplasma der niedrigsten Organismen bis zum denkenden Menschenhirn. Ohne diese Vorgeschichte aber bleibt das Dasein des denkenden Menschenhirns ein Wunder.

Mit diesen drei großen Entdeckungen sind die Hauptvorgänge der Natur erklärt, auf natürliche Ursachen zurückgeführt. Nur eines bleibt hier noch zu tun: die Entstehung des Lebens aus der unorganischen Natur zu erklären. Das heißt auf der heutigen Stufe der Wissenschaft nichts andres als: Eiweißkörper aus unorganischen Stoffen herzustellen. Dieser Aufgabe rückt die Chemie immer näher. Sie ist noch weit von ihr entfernt. Wenn wir aber bedenken, daß erst 1828 der erste organische Körper, der Harnstoff, von Wöhler aus unorganischem Material dargestellt wurde, und wie unzählige sogenannte organische Zusammensetzungen jetzt künstlich ohne irgendwelche organische Stoffe dargestellt werden, werden wir der Chemie kein Halt! vor dem Eiweiß gebieten wollen. Bis jetzt kann sie jeden organischen Stoff darstellen, dessen Zusammensetzung sie genau kennt. Sobald die Zusammensetzung der Eiweißkörper einmal bekannt ist, wird sie an die Herstellung von lebendigem Eiweiß gehn können. Daß sie aber von heute auf morgen das leisten soll, was der Natur selbst nur unter sehr günstigen Umständen auf einzelnen Weltkörpern nach Millionen Jahren gelingt – das hieße ein Wunder verlangen.

Somit steht die materialistische Naturanschauung heute auf ganz anders festen Füßen als im vorigen Jahrhundert. Damals war nur die Bewegung der Himmelskörper und die von irdischen festen Körpern unter dem Einfluß der Schwere einigermaßen erschöpfend verstanden; fast das ganze Gebiet der Chemie und die ganze organische Natur blieben unverstandne Geheimnisse. Heute liegt die ganze Natur als ein wenigstens in den großen Grundzügen erklärtes und begriffenes System von Zusammenhängen und Vorgängen vor uns ausgebreitet. Allerdings heißt materialistische Naturanschauung weiter nichts als einfache Auffassung der Natur so, wie sie sich gibt, ohne fremde Zutat, und daher verstand sie sich bei den griechischen Philosophen ursprünglich von selbst. Aber zwischen jenen alten Griechen und uns liegen mehr als zwei Jahrtausende wesentlich idealistischer Weltanschauung, und da ist die Rückkehr auch zum Selbstverständlichen schwerer, als es auf den ersten Blick scheint. Denn es handelt sich keineswegs um einfache Verwerfung des ganzen Gedankeninhalts jener zwei Jahrtausende, sondern um seine Kritik, um die Losschälung der innerhalb der falschen, aber für ihre Zeit und den Entwicklungsgang selbst unvermeidlichen idealistischen Form gewonnenen Resultate aus dieser vergänglichen Form. Und wie schwer das ist, beweisen uns jene zahlreichen Naturforscher, die innerhalb ihrer Wissenschaft unerbittliche Materialisten sind, außerhalb derselben aber nicht nur Idealisten, sondern selbst fromme, ja orthodoxe Christen.

Alle diese epochemachenden Fortschritte der Naturwissenschaft gingen an Feuerbach vorüber, ohne ihn wesentlich zu berühren. Es war dies nicht so sehr seine Schuld als die der elenden deutschen Verhältnisse, kraft deren die Lehrstühle der Universitäten von hohlköpfigen, eklektischen Flohknackern in Beschlag genommen wurden, während Feuerbach, der sie turmhoch überragte, in einsamer Dorfabgeschiedenheit fast verbauern mußte. Daher kommt es, daß er über die Natur – bei einzelnen genialen Zusammenfassungen – soviel belletristisches Stroh dreschen muß. So sagt er:

»Das Leben ist allerdings nicht Produkt eines chemischen Prozesses, nicht Produkt überhaupt einer vereinzelten Naturkraft oder Erscheinung, worauf der metaphysische Materialist das Leben reduziert; es ist ein Resultat der ganzen Natur.«[45]

Daß das Leben ein Resultat der ganzen Natur ist, widerspricht keineswegs dem Umstand, daß das Eiweiß, welches der ausschließliche selbständige Träger des Lebens ist, unter bestimmten, durch den ganzen Naturzusammenhang gegebnen Bedingungen entsteht, aber eben als Produkt eines chemischen Prozesses entsteht. ⟨Hätte Feuerbach unter Umständen gelebt, die ihm erlaubten, die Entwicklung der Naturwissenschaft auch nur oberflächlich zu verfolgen, so würde er nie in den Fall gekommen sein, von einem chemischen Prozeß zu sprechen als von der Wirkung einer vereinzelten Naturkraft.⟩ Derselben Vereinsamung ist es zuzuschreiben, wenn Feuerbach sich in eine Reihe unfruchtbarer und sich im Kreise drehender Spekulationen über das Verhältnis des Denkens zum denkenden Organ, dem Gehirn, verliert – ein Gebiet, worauf ihm Starcke mit Vorliebe folgt.

Genug, Feuerbach sträubt sich gegen den Namen Materialismus.[46] Und nicht ganz mit Unrecht; denn er wird den Idealisten nie ganz los. Auf dem Gebiet der Natur ist er Materialist; aber auf dem Gebiet der menschlichen [. . .][47]

Register

Anmerkungen

1 Es handelt sich um die Arbeit »Die deutsche Ideologie«, die von Marx und Engels gemeinsam verfaßt wurde (MEW, Bd. 3, S. 9–530). 7

2 Siehe MEW, Bd. 13, S. 10. 7

3 *»Die Neue Zeit. Revue des geistigen und öffentlichen Lebens«* (Stuttgart) – theoretische Zeitschrift; erschien von 1883 bis Oktober 1890 monatlich, danach bis zum Herbst 1923 wöchentlich; redigiert von 1883 bis 1917 von Karl Kautsky; Organ der deutschen Sozialdemokratie; von 1885 bis 1894 war Engels Mitarbeiter der Zeitschrift. 8

4 Gemeint ist das 1885 in Stuttgart erschienene Buch von Carl Nicolai Starcke »Ludwig Feuerbach«. 8

5 Die *»Thesen über Feuerbach«*, die von Marx im Frühjahr 1845 in Brüssel niedergeschrieben wurden, sind in seinem Notizbuch 1844–1847 unter der Überschrift »1. ad Feuerbach« enthalten (siehe MEW, Bd. 3, S. 5–7). Engels hat die Thesen 1888 für die Veröffentlichung redigiert (siehe vorl. Band, S. 69–72). 8 69

6 Die Schrift »Ludwig Feuerbach und der Ausgang der klassischen deutschen Philosophie« gehört zu den wichtigsten Werken des Marxismus. Engels gibt hier eine systematische Darstellung der Grundlagen des dialektischen und historischen Materialismus. Er würdigt kritisch die philosophischen Quellen des wissenschaftlichen Kommunismus, insbesondere die dialektische Methode bei Hegel und den Materialismus in der Philosophie Feuerbachs, und weist nach, daß mit der marxistischen Philosophie sowohl die idealistische Dialektik Hegels als auch der metaphysische Materialismus Feuerbachs überwunden und aufgehoben und eine neue Ära in der Entwicklung des philosophischen Denkens eingeleitet wurde. In diesem Zusammenhang formuliert Engels die Erkenntnis, daß die Grundfrage aller Philosophie die nach dem Verhältnis von Denken und Sein ist. Er führt den Nachweis, daß die Beantwortung dieser Frage das entscheidende Kriterium für die Unterscheidung von Materialisten und Idealisten darstellt.

Engels leistete mit dieser Arbeit Unschätzbares für die Durchsetzung des Marxismus in der internationalen Arbeiterbewegung. Sie trug entscheidend dazu bei, die Arbeiterklasse mit dem Bewußtsein auszurüsten, daß Arbeiterklasse, wissenschaftliche Weltanschauung und revolutionäre Klassenpartei eine untrennbare Einheit bilden, und ist eine ausgezeichnete theoretische Grundlage für ihren Kampf gegen die bürgerliche Philosophie.

Die Schrift erschien im April und Mai 1886 in der »Neuen Zeit«; 1888 kam sie als Broschüre heraus. 9

7 Engels meint vermutlich die Bemerkungen Heinrich Heines über die philosophische Revolution in Deutschland, die im dritten Buch seiner 1834 verfaßten Aufsätze »Zur Geschichte der Religion und Philosophie in Deutschland« enthalten sind. Er schreibt dort unter anderem: »Unsere philosophische Revolution ist beendet. Hegel hat ihren großen Kreis geschlossen.« 13

8 Dieses Zitat gibt Engels modifiziert wieder, es lautet: »Was vernünftig ist, das ist wirklich; und was wirklich ist, das ist vernünftig.« Siehe Hegels Vorrede zu seinem Buch »Grundlinien der Philosophie des Rechts oder Naturrecht und Staatswissenschaft im Grundrisse«. In: Werke, Bd. 8, Berlin 1833. 14

9 Georg Wilhelm Friedrich Hegel, »Encyclopädie der philosophischen Wissenschaften im Grundrisse. Erster Theil. Die Logik«, §§ 147, 142, Zusatz. In: Werke, Bd. 6, Berlin 1840. 14

10 Johann Wolfgang von Goethe, »Faust«, Erster Teil, »Studierzimmer«. 15

11 Georg Wilhelm Friedrich Hegel, »Wissenschaft der Logik«. In: Werke, Bd. 3–5, Berlin 1833/1834. 17 47

12 Georg Wilhelm Friedrich Hegel, »Grundlinien der Philosophie des Rechts oder Naturrecht und Staatswissenschaft im Grundrisse«. In: Werke, Bd. 8, Berlin 1833. 18

13 *»Deutsche Jahrbücher für Wissenschaft und Kunst«* (Leipzig) – erschienen als Fortsetzung der »Hallischen Jahrbücher für deutsche Wissenschaft und Kunst« vom 2. Juli 1841 bis Anfang Januar 1843 wochentäglich in Form von Tagesblättern; herausgegeben von Arnold Ruge, politisch-philosophische Zeitschrift der Junghegelianer; mit der Änderung des Titels gab Ruge der Zeitschrift eine immer radikalere Orientierung, die er bis zur Kritik am Liberalismus führte; am 3. Januar 1843 wurde sie verboten. 21

14 *»Rheinische Zeitung für Politik, Handel und Gewerbe«* (Köln) – Tageszeitung, erschien vom 1. Januar 1842 bis zum 31. März 1843; gegründet mit Unterstützung der rheinischen liberalen Bourgeoisie, wurde ein Sprachrohr der Junghegelianer, vertrat unter Marx' Redaktion immer zielstrebiger revolutionär-demokratische An-

sichten und entwickelte sich zum bedeutendsten oppositionellen Blatt Deutschlands; ab 1. April 1843 von der preußischen Regierung verboten. 21

15 Max Stirner, »Der Einzige und sein Eigenthum«, Leipzig 1845. 21

16 Ludwig Feuerbach, »Das Wesen des Christenthums«, Leipzig 1841. 22

17 Friedrich Engels/Karl Marx, »Die heilige Familie, oder Kritik der kritischen Kritik. Gegen Bruno Bauer & Consorten«, Frankfurt (Main) 1845 (MEW, Bd. 2, S. 3–223). 22

18 Der *»wahre« Sozialismus,* der seit 1844 in Deutschland propagiert wurde, war ein Ausdruck der reaktionären Ideologie des deutschen Kleinbürgertums. Die »wahren« Sozialisten lehnten die politische Tätigkeit und den Kampf für die Demokratie ab. Ihre pseudosozialistischen Ideen, verbrämt mit »Liebesduselei« und abstraktem »Menschentum« einerseits und mit Philistertum und politischer Feigheit andererseits, waren besonders im Deutschland der vierziger Jahre des 19. Jahrhunderts schädlich, als die Vereinigung der demokratischen Kräfte im Kampf gegen den Feudalismus und die Schaffung einer selbständigen revolutionären proletarischen Bewegung die Hauptaufgaben waren. Eine Kritik dieser Richtung gaben Marx und Engels in ihren Werken »Die deutsche Ideologie«, »Zirkular gegen Kriege«, »Deutscher Sozialismus in Versen und Prosa«, »Die wahren Sozialisten« und »Manifest der Kommunistischen Partei« (MEW, Bd. 3, S. 439–530, sowie Bd. 4, S. 3–17, 207–290 und 485–488). 22

19 Engels verweist hier offensichtlich auf das 1883 in London erschienene Buch von Everard Ferdinand im Thurn »Among the Indians of Guiana: being sketches, chiefly anthropologic, from the interior of British Guiana«, p. 346. 24

20 Die Anhänger der *monotheistischen Religionen* glauben an einen einzigen, personifizierten Gott als Schöpfer und Ordner der Welt (siehe auch Anm. 22 und 26). 25

21 Es handelt sich um den Planeten Neptun, der 1846 von dem Astronomen Johann Gottfried Galle, Sternwarte Berlin, auf der von Leverrier berechneten Bahn entdeckt wurde. 27

22 Der Pantheismus ist eine religionsphilosophische Lehre, der Gott und Natur gleichsetzt. Er lehnt die Eigenständigkeit und Personifikation eines Gottes ab und behauptet, Gott sei in der Welt enthalten (siehe auch Anm. 20 und 26). 27

23 Ludwig Feuerbach, »Nachgelassene Aphorismen. I. Zur theoretischen Philosophie«. In: »Ludwig Feuerbach in seinem Briefwechsel und Nachlaß sowie in seiner Philosophischen Charakterentwicklung dargestellt von Karl Grün«, Bd. 2, Leipzig – Heidelberg 1874, S. 308. Starcke führt dieses Zitat auf Seite 166 seines Buches »Ludwig Feuerbach« an. 29 32

24 Von hier ab bis »später im einzelnen sehn« fand sich im Nachlaß von Engels ein Fragment, das die Entwicklung der Naturwissenschaft eingehender darstellt (siehe vorl. Band, S. 73–77). 31

25 Georg Wilhelm Friedrich Hegel, »Phänomenologie des Geistes«. In: Werke, Bd. 2, Berlin 1832. 33

26 *Deisten* – Anhänger einer religionsphilosophischen Lehre, die zwar einen Gott als Weltschöpfer anerkennt, ihm aber jede Einwirkung auf die fortschreitende Entwicklung der Welt abspricht. Im Kampf gegen die im Feudalismus herrschende kirchliche Weltanschauung war der Deismus eine fortschrittliche Richtung. Die Deisten kritisierten u. a. die mittelalterlich-religiösen Vorstellungen und kirchlichen Dogmen und entlarvten den Parasitismus der Geistlichkeit (siehe auch Anm. 20 und 22). 34

27 *Reformisten* – Anhänger der Pariser Zeitung »La Reforme«, die für demokratische und soziale Reformen eintraten. 37

28 Ludwig Feuerbach, »Wider den Dualismus von Leib und Seele, Fleisch und Geist«. In: Sämmtliche Werke, Bd. 2, Leipzig 1846, S. 363. 40 42

29 Ludwig Feuerbach, »Zur Moralphilosophie. Noth meistert alle Gesetze und hebt sie auf«. In: »Ludwig Feuerbach in seinem Briefwechsel und Nachlaß sowie in seiner Philosophischen Charakterentwicklung dargestellt von Karl Grün«, Bd. 2, Leipzig – Heidelberg 1874, S. 285/286. Starcke führt dieses Zitat auf Seite 254 seines Buches »Ludwig Feuerbach« an. 40 42

30 Ludwig Feuerbach, »Grundsätze der Philosophie. Nothwendigkeit einer Veränderung«. In: Ebenda, Bd. 1, S. 409. Starcke führt dieses Zitat auf Seite 280 seines Buches »Ludwig Feuerbach« an. 40

31 Engels faßt hier Gedanken Hegels zusammen, die in dessen Arbeiten »Grundlinien der Philosophie des Rechts oder Naturrecht und Staatswissenschaft im Grundrisse«, §§ 18 und 139 (Werke, Bd. 8, Berlin 1833), und »Vorlesungen über die Philosophie der Religion«, Dritter Theil, Zweiter Abschnitt (3) (Werke, Bd. 12, Berlin 1840), enthalten sind. 40

32 Ludwig Feuerbach, »Fragmente zur Charakteristik meines philoso-

phischen Curriculum vitae«. In: Sämmtliche Werke, Bd. 2, Leipzig 1846, S. 411. 41

33 Engels gebraucht eine landläufige Redensart der reaktionären deutschen bürgerlichen Publizistik, nach der Preußens Sieg bei Sadowa im Preußisch-Österreichischen Krieg 1866 auf das preußische Schulsystem zurückzuführen gewesen sei. 43

34 Engels bezieht sich auf David Friedrich Strauß' Buch »Die christliche Glaubenslehre in ihrer geschichtlichen Entwicklung und im Kampfe mit der modernen Wissenschaft«, Tübingen – Stuttgart 1840–1841, dessen zweiter Teil den Titel »Der materiale Inbegriff der christlichen Glaubenslehre, oder die eigentliche Dogmatik« trägt. 46

35 Die Schrift von Joseph Dietzgen »Das Wesen der menschlichen Kopfarbeit. Dargestellt von einem Handarbeiter. Eine abermalige Kritik der reinen und praktischen Vernunft« erschien 1869 anonym in Hamburg. 48

36 Siehe Georg Wilhelm Friedrich Hegel, »Vorlesungen über die Philosophie der Geschichte«, Zweiter Theil, Zweiter Abschnitt. In: Werke, Bd. 9, Berlin 1837. 55

37 Gemeint sind die Friedensregelungen des Wiener Kongresses, der unter Beteiligung aller Staaten, die gegen Napoleon I. gekämpft hatten, vom 18. September 1814 bis 9. Juni 1815 stattfand. Entgegen den Interessen der Völker nach nationaler Wiedervereinigung und Unabhängigkeit wurden die alten feudalreaktionären Systeme restauriert. 56

38 Am 30. März 1814 zogen die Sieger über Napoleon I. in Paris ein; er mußte abdanken und wurde auf die Insel Elba verbannt. In ihrem Gefolge kehrten die Bourbonen nach Frankreich zurück. Die Regierung übernahm Ludwig XVIII., der Bruder Ludwigs XVI. 56

39 In der französischen Julirevolution vom 27. bis 29. Juli 1830 erzwangen die Pariser Arbeiter, Kleinbürger und Studenten den Sturz der Bourbonenherrschaft unter Karl X. Die Finanzbourgeoisie nutzte jedoch deren Unorganisiertheit aus, um die Macht zu ergreifen, und setzte Louis-Philippe, Herzog von Orleans, als sogenannten Bürgerkönig ein. Die Julirevolution fand starken Widerhall in der fortschrittlichen Öffentlichkeit aller Länder und gab den Anstoß zu revolutionären und nationalen Erhebungen in Belgien, Deutschland, Polen und Italien. 56

40 *Nicänisches Konzil* – das erste Weltkonzil der christlichen Kirche des Römischen Reichs, das von Kaiser Konstantin I. im Jahre 325 in Nicäa (Kleinasien) einberufen wurde. Das Konzil arbeitete ein

für alle Christen verbindliches Glaubenssymbol (Grundthesen des Glaubensbekenntnisses der orthodoxen Kirche) aus, dessen Nichtanerkennung als Staatsverbrechen bestraft wurde. 62

41 *Albigenser* – religiöse Sekte, die im 12. und 13. Jahrhundert in Südfrankreich und Norditalien weit verbreitet war. Ihr Zentrum war die südfranzösische Stadt Albi. Die Albigenser, die gegen die prunkvollen katholischen Gebräuche und die Kirchenhierarchie auftraten, brachten in religiöser Form den Protest der handel- und handwerktreibenden städtischen Bevölkerung gegen den Feudalismus zum Ausdruck. Ihm schloß sich ein Teil des südfranzösischen Adels an, der die Kirchenländereien säkularisieren wollte. Papst Innozenz III. forderte 1209 einen Kreuzzug gegen die Albigenser. In einem zwanzigjährigen Krieg und durch grausame Repressalien wurde ihre Bewegung niedergeschlagen. 63

42 *Revolution 1689* – auch »ruhmreiche Revolution« (»glorious revolution«) genannt, war die Bezeichnung der englischen bürgerlichen Geschichtsschreibung für den Staatsstreich von 1688/1689. Er vereitelte die Restaurationspläne der Stuarts und brachte den Oranier Wilhelm III. zur Herrschaft. Er diente der Durchsetzung der bürgerlich-kapitalistischen Verhältnisse und deren Sicherung durch eine vom Parlament abhängige konstitutionelle Monarchie. 64

43 Das 1589 erlassene Edikt von Nantes hatte den Hugenotten (französische Calvinisten) staatsbürgerliche Gleichberechtigung zugesichert und ihre politischen und kirchlichen Sonderrechte garantiert. Mit der Aufhebung des Edikts 1685 durch Ludwig XIV. erreichte die seit den zwanziger Jahren des 17. Jahrhunderts immer heftiger werdende politische und religiöse Verfolgung der Hugenotten ihren Höhepunkt; Hunderttausende von ihnen verließen Frankreich. 64

44 *»Ausgelassenes aus ›Feuerbach‹«* ist dieses Fragment im Inhaltsverzeichnis des 2. Konvoluts des Materials zur »Dialektik der Natur« benannt (siehe MEW, Bd. 20, S. 688). Das Fragment umfaßt vier Seiten des ursprünglichen Manuskripts »Ludwig Feuerbach und der Ausgang der klassischen deutschen Philosophie«, die die Seitenzahlen 16, 17, 18 und 19 tragen. Auf Seite 16 oben steht von Engels' Hand geschrieben: »Aus ›Ludwig Feuerbach‹«. Dieses Fragment gehörte zum Kapitel II und sollte unmittelbar nach der Charakteristik der drei spezifischen »Beschränktheiten« der französischen Materialisten des 18. Jahrhunderts folgen (siehe vorl. Band, S. 29–31). Bei der endgültigen Ausarbeitung des Manuskripts »Ludwig Feuerbach« nahm Engels diese vier Seiten heraus und ersetzte

sie durch einen anderen Text (siehe S. 31–33), aber den wesentlichen Inhalt des Fragments (über die drei großen Entdeckungen der Naturwissenschaft des 19. Jahrhunderts) legte er in gekürzter Form im Kapitel IV (siehe S. 50/51) dar. Auf der ersten Seite des Fragments (die die Zahl »16« trägt) beginnt der Text in der Mitte des Satzes. Der Anfang des Satzes, der nach dem gedruckten Text des »Ludwig Feuerbach« (siehe S. 31) wiederhergestellt worden ist, wurde in eckige Klammern eingeschlossen. 73

45 Ludwig Feuerbach, »Die Unsterblichkeitsfrage vom Standpunkt der Anthropologie«. In: Sämmtliche Werke, Bd. 3, Leipzig 1847, S. 331. Starcke führt dieses Zitat auf den Seiten 154/155 seines Buches »Ludwig Feuerbach« an. 77

46 In den »Nachgelassenen Aphorismen. I. Zur theoretischen Philosophie« sagt Ludwig Feuerbach: »*Materialismus* ist eine durchaus unpassende, falsche Vorstellungen mit sich führende Bezeichnung, nur insofern zu entschuldigen, als der Immaterialität des Denkens, der Seele, die Materialität des Denkens entgegensteht. Aber es gibt für uns ein organisches Leben, organisches Wirken, organisches Denken. Also Organismus ist der rechte Ausdruck, denn der konsequente Spiritualist leugnet, daß das Denken eines Organs bedürfe, während auf dem Standpunkt der Naturanschauung es keine Tätigkeit ohne Organe gibt« (siehe »Ludwig Feuerbach in seinem Briefwechsel und Nachlaß sowie in seiner Philosophischen Charakterentwicklung dargestellt von Karl Grün«, Bd. 2, Leipzig – Heidelberg 1874, S. 307/308). Starcke führt dieses Zitat auf Seite 166 seines Buches »Ludwig Feuerbach« an (siehe auch vorl. Band, S. 29). 77

47 Hier endet Seite 19 des ursprünglichen Manuskripts »Ludwig Feuerbach«. Das Ende des Satzes befindet sich auf der folgenden, nicht erhaltenen Seite. Auf Grund des gedruckten Textes des »Ludwig Feuerbach« ist anzunehmen, daß der zweite Teil des letzten Satzes lautet: »aber auf dem Gebiet der menschlichen Geschichte ist er Idealist«. 77

Personenverzeichnis

Vogt, Karl (1817–1895) Naturwissenschaftler, Vulgärmaterialist, kleinbürgerlicher Demokrat. 29

Voltaire (eigtl. *François-Marie Arouet*) (1694–1778) französischer deistischer Philosoph, satirischer Schriftsteller und Historiker; Hauptvertreter der bürgerlichen Aufklärung. 34 64

Wöhler, Friedrich (1800–1882) Chemiker, stellte 1828 als erster organische Stoffe aus anorganischen her (Harnstoffsynthese). 75

Verzeichnis der literarischen und mythologischen Namen

Evangelisten → *Johannes, Lukas, Markus* und *Matthäus*

Johannes im Neuen Testament einer der zwölf Apostel; ihm werden das vierte Evangelium, die Offenbarung und die Briefe des Johannes zugeschrieben, die aber nachweislich mehrere Verfasser haben. 21

Lukas im Neuen Testament Verfasser des dritten Evangeliums und der Apostelgeschichte. 21

Markus im Neuen Testament Verfasser des zweiten Evangeliums. 21

Matthäus im Neuen Testament einer der zwölf Apostel und Verfasser des ersten Evangeliums. 21

Rhadamanthus in der griechischen Sage ein weiser und gerechter Richter. 43

Zeus oberster griechischer Gott. 18

Inhalt